Sandy Taikyu Kuhn Shimu

ERLEUCHTUNG ZUM FRÜHSTÜCK

Nimm dir Zeit zum Leben – Achtsamkeit im Alltag

Schirner Verlag

ISBN 978-3-8434-1078-6

Sandy Taikyu Kuhn Shimu:
Erleuchtung zum Frühstück
Nimm dir Zeit zum Leben –
Achtsamkeit im Alltag

Umschlag: Murat Karaçay, Schirner,
unter Verwendung von # 31451427
(cleomiu), www.fotolia.de
Lektorat: Katja Hiller, Schirner
Satz: Lisa Zilch, Schirner
Printed by: Ren Medien GmbH,
Germany

www.schirner.com

4. Auflage April 2015

Inhalt

24 STUNDEN

im Herz-Geist des Zen

Vorwort

Das Glück
liegt im
Leben selbst.

Meine Beweggründe, ein Buch über Zen und die Wichtigkeit der Achtsamkeit zu schreiben, lassen sich auf meine Praxis als Zen-Buddhistin und meine Tätigkeit als Kampfkunstlehrerin zurückführen. Zen nimmt in der Kampfkunst eine bedeutende Stellung ein. Die Schulung des Geistes spielt dabei eine ebenso große Rolle wie das Training der körperlichen Fertigkeiten, und die in der Ausbildung enthaltenen Elemente der Zen-Lehre lassen die Kampfkunst zur Lebenskunst werden. Die Vervollkommnung von Körper und Geist soll Spuren im Alltag hinterlassen und sich in Achtsamkeit, Respekt, Mitgefühl, Disziplin, Geduld, Gelassenheit, Verantwortungsbewusstsein, Ehrlichkeit, Klarheit, Zufriedenheit, Gesundheit und Erkenntnis ausdrücken.

Meine Kung-Fu-Ausbildung begann 1993. Zu diesem Zeitpunkt kam ich auch zum ersten Mal mit Zen in Kontakt, d. h. mit der Praxis des Zen, mit Zazen, der Sitzmeditation in Stille. Seither befasse ich mich eingehend mit der buddhistischen Lehre, dem Inhalt und den Auswirkungen der Zen-Praxis auf die Laien, also auf die Menschen, die Zen nicht als Nonnen oder Mönche in Klöstern praktizieren.

Es lag mir deshalb sehr am Herzen, ein Übungsbuch mit praktischen Anleitungen zu schreiben, das jedem Menschen die Lehre des Zen für die Umsetzung im ganz normalen Alltag vermittelt und ihm die Möglichkeit bietet, den Geist des Zen, den Herz-Geist, zu erfahren, zu schulen und zu pflegen.

Im Jahr 2006 nahm ich in der japanischen Rinzai-Zen-Tradition an der Jukai-Zeremonie teil. Jukai ist die Ordination für die Laien. Ich legte die Fünf Silas (Gelübde) ab, nahm Zuflucht zu den Drei Juwelen »Buddha«, »Dharma« und »Sangha« und erhielt den Dharma-Namen »Taikyu«, was »immerwährender Frieden« bedeutet. Nach dem Verständnis des Zen wird man durch diese Zeremonie offiziell zur Zen-Buddhistin.

Mein privater und beruflicher Alltag erlaubt es mir, den Weg des Zen in mein Leben zu integrieren und die Lehre des Zen im täglichen Unterricht weiterzuvermitteln. Gern komme ich mit diesem Buch dem Wunsch meiner Schülerinnen und Schülern nach einer praktischen Übungsanleitung nach, die die Kunst des Zen in einer einfachen und leicht verständlichen Sprache vermittelt und viele praxisbezogene Übungen für den Alltag bereithält.

Die Gewohnheiten des Alltags prägen unser Leben. Und unser Leben ist nichts anderes als die Summe aller unserer täglichen Handlungen. Es lohnt sich also, beim Gewöhnlichen, beim Alltäglichen zu beginnen. Die Erfahrung zeigt, dass es gerade die kleinen Schritte sind, die große Veränderungen bewirken. Lesen Sie selbst:

Zwei neue Schüler traten in ein Zen-Kloster ein. Der Meister unterwies beide in der Gehmeditation. Als sich die Neuankömmlinge am nächsten Morgen wieder im Garten des Klosters begegneten, fragten sie sich, ob sie nicht während der Gehmeditation eine Zigarette rauchen könnten. Schließlich wären sie im Freien, und der Rauch würde niemanden stören. Sie beschlossen, am Nachmittag den Zen-Meister zu fragen. Am Tag darauf trafen sich die Schüler erneut. Einer von beiden rauchte während der Gehmeditation. Etwas verdutzt erkundigte sich der andere: »Du rauchst, obwohl der Meister uns das Rauchen verboten hat?« Darauf erwiderte der Raucher: »Wieso verboten? Mir hat der Meister das Rauchen erlaubt!« – »Was!«, schrie der erste Schüler. »Mir hat er es verboten! Warum hat dir der Meister das Rauchen erlaubt?« – »Was hast du ihn denn gefragt?«, wollte der Schüler mit der Zigarette im Mund wissen. »Ich habe den Meister gefragt, ob ich während der Gehmeditation im Garten rauchen darf. Er ist sehr wütend geworden, hat mich mit dem Stock auf den Kopf geschlagen und laut ›Nein!‹ gebrüllt. Was hast du ihn gefragt?«, wollte nun der andere Schüler wissen. »Ich habe den Meister gefragt, ob ich während des Rauchens meditieren kann. Er hat sich darüber gefreut und gesagt: ›Gut, wenigstens meditierst du!‹«

Unser Leben steht und fällt mit unserer Wahrnehmung. Unsere Sinneseindrücke legen den Grundstein für unser Denken und Fühlen. Und unsere Gedanken und Empfindungen erzeugen den Impuls zur Handlung. Die Zen-Praxis beeinflusst unsere Wahrnehmung und dadurch auch unsere Gefühle und unsere Denk- und Handlungsmuster. Unsere Absicht, unsere Motivation hinter einer Handlung, entscheidet darüber, auf welche Art und Weise wir leben und wie wir unser Leben wahrnehmen, bewerten und erfahren.

Denken Sie daran: Alles beginnt in Ihrem Kopf, in Ihrem Geist, mit Ihren Gedanken. Zen ist die natürliche Hygiene Ihres Geistes. Die Praxis des Zen-Weges ist Zazen. Zazen bedeutet absichtsloses Sitzen oder geistige Versenkung in stiller Sitzhaltung. Es ist nichts Fantastisches, das es zu erlangen gilt, denn die Zen-Praxis ist nichts anderes als die Rückkehr in den Normalzustand von Körper und Geist.

Der Zen-Geist beinhaltet die Präsenz und Achtsamkeit in der Gegenwart, in der Zeit, in der das Leben stattfindet, im Hier und Jetzt. Daraus wächst die Erkenntnis, dass nicht nur Körper und Geist untrennbar miteinander verbunden sind, sondern dass auch wir selbst und das gesamte Universum eins sind. Zen ist ein Weg zur Transzendenz – zu mehr Weisheit und Mitgefühl.
Zen ist aber nichts Abstraktes und kann niemals losgelöst vom wahren Leben, d. h. nur auf dem Meditationskissen, praktiziert werden. Der Herz-Geist des Zen entwickelt sich zwar durch das Sitzen in Stille, er formt sich aber mit der Anwendung und der Erfahrung im Alltag.

Mein Wunsch ist es daher, Sie mit diesem Buch vor allem mit der praktischen Seite der Zen-Lehre bekannt zu machen, d. h., ich werde Sie durch einen Tag im Geiste des Zen führen. 24 Stunden lang im Zen-Geist zu leben bedeutet vor allem Achtsamkeits- und Wahrnehmungsschulung. Es heißt aber auch, die dem Zen zugrunde liegenden Prinzipien, Theorien und Anschauungen zu verstehen und anzuwenden. Sie werden überrascht sein, wo der Herz-Geist des Zen beginnt und wohin Sie diese Reise führt!

Wie bestellt ein Zen-Meister sein Sandwich?

»Eins mit allem!«

Ich wünsche mir, dass Sie durch die Lektüre den Mut und die Kraft finden, Ihr eigenes Potenzial zu entfalten und in Harmonie mit Ihrer wahren Natur zu leben. Das bedeutet, dass Sie als Mensch vom Intellektuellen zum Intuitiven zurückkehren und als multidimensional lebendes, ganzheitliches Wesen wach, lebendig, mitfühlend und zentriert sind.

Im Feuer des Geistes verbrennen alle Gedanken.
Der Wind wirbelt den Staub in deinem Herzen auf.

Die Tränen der Erfahrung tränken die Erde und
lassen den Baum der Zuversicht wachsen.

Die reife Frucht trägt die Erkenntnis aller Zeiten.
Koste sie, und nähre deine wahre Natur.

Valentinstag 2012,
Ihre Sandy Taikyu Kuhn Shimu

Einführung

Was ist Zen? »Zen ist eine Lehre außerhalb der Schriften, sie ist frei von Worten und Zeichen, sie zeigt direkt auf das Herz des Menschen. Es geht darum, die eigene Natur zu erkennen und dadurch Erleuchtung zu erfahren.« Diese Worte gehen auf Bodhidharma zurück, den indischen Mönch, der im 6. Jahrhundert n. Chr. die Lehre des Zen von Indien nach China brachte.

Die Flut an Zen-Literatur nimmt stetig zu. Dem Anschein nach entspricht das nicht dem Grundgedanken von Zen. Wenn man die Aussage von Bodhidharma betrachtet, könnte man meinen, dass die Zen-Lehre ausschließlich von »Herz zu Herz« vermittelt wird und Bücher, Abhandlungen und Schriften deshalb nicht nötig, vielleicht sogar überflüssig sind.

Lesen, Denken, Reden und Fühlen sollen und können nie das Handeln, die Tatkraft, ersetzen. Aber gerade in der Praxis, im Umgang mit Zen, gibt es viele Missverständnisse und herrschen oft Zweifel und Unsicherheiten vor. Es ist wichtig und von grundlegender Bedeutung, den Menschen, die wirklich interessiert, offen und bereit dafür sind, Erfahrungen und Erkenntnisse in schriftlicher Form, also von »Geist zu Geist«, zugänglich zu machen. Aus eigener Erfahrung weiß ich, wie schwer es ist, das Wissen und die Einsichten vom Meditationskissen in den Alltag zu transportieren.

Ein Hausbesitzer bittet einen Zen-Meister: »Segne mein Haus.«

Der Meister antwortet:
»Ich glaube nicht, dass dein Haus mich versteht.«

In der Lehre des Zen unterscheidet man zwischen der »Sitzungszeit« und der »Zwischen-Sitzungszeit«. Die Sitzungszeit ist die Zeit, in der der Schüler meditiert. Sie ist der Rückzug der Sinne in die Stille. In dieser Abgeschiedenheit und Ruhe erfährt der Schüler sich auf eine ganz neue Art und Weise. Wenn er die Bereitschaft entwickelt, wirklich aus tiefstem Herzen alles aufzugeben und loszulassen, hat er die Möglichkeit, sich körperlich und geistig zu erneuern. Das setzt aber voraus, dass der Schüler bereit ist, sich seinen inneren Dämonen zu stellen, bevor er wahren inneren Frieden finden kann. Das heißt, dass er sich seinen Ängsten, Befürchtungen, Schmerzen und Sehnsüchten stellt und diese überwindet. Lesen Sie dazu die nachfolgende Geschichte.

Eine Frau mittleren Alters begab sich in ein Zen-Kloster, um sich einer Gruppe von Meditierenden anzuschließen. Die Zen-Meisterin erkundigte sich bei der Frau: »Was willst du hier?« Die Frau antwortete: »Ich bin auf der Suche nach Ruhe.« Darauf erwiderte die Meisterin: »Nur damit keine Verwechslungen auftreten, falsche Hoffnungen geweckt werden oder Missverständnisse entstehen, dieser Platz hier ist kein friedliches Paradies. Er ist ein Ort des Feuers, der deine Erwartungen in Flammen aufgehen lässt. Er ist ein glühender Ofen, der deine Verblendungen zum Schmelzen bringt und deine egoistischen Sichtweisen verbrennt. Auf diesem Kissen, im Schweiße deines Angesichts, wirst du dich mit dir selbst auseinandersetzen müssen, und in der Hitze der Gedanken hast du die Chance, deine Illusionen verdampfen zu lassen! Bist du dazu bereit?«

Die Zwischen-Sitzungszeit ist die Zeit, in der der Schüler versucht, die Erkenntnisse und Erfahrungen, die er in der Meditation gewonnen hat, in sein Leben zu integrieren. Das bedeutet, dass der Schüler immer erst in der Zwischen-Sitzungszeit erfährt, wie es tatsächlich um seine spirituellen Fortschritte bestellt ist. Denn die Inhalte seines Geistes bestimmen nicht nur die Qualität seiner Gedanken, Gefühle und Handlungen in der Meditation, sondern sie beeinflussen auch seinen Alltag und prägen somit sein ganzes Leben. Der Zen-Weg hat die Kraft, uns direkt zu unserer wahren Natur zu führen, wenn wir bereit sind, die Augen nicht vor uns selbst und der Welt zu verschließen.

Mein Buch befasst sich vorwiegend mit der Zwischen-Sitzungszeit. Werfen Sie zu Beginn ganz bewusst all Ihre Erwartungen ab, und überprüfen Sie Ihre Ansprüche. Vertrauen Sie auf die Energie des Augenblicks, probieren Sie aus, und machen Sie neue Erfahrungen.

Zen ist eine Haltung, die sich immer zuerst in Ihrem Geist entwickelt und manifestiert und sich dann über Ihre Handlungen im Alltag ausdrückt. Der Geist des Zen ist geduldig, natürlich, frisch, lebendig, ausgeglichen, stabil, weise und mitfühlend.

Leben im Sinne von Zen bedeutet:

- Aufgeschlossenheit
- Direktheit
- Klarheit
- Offenheit
- Bewusstheit
- Ehrlichkeit
- Mitgefühl
- Gegenwartsbezogenheit
- Wertfreiheit
- Achtsamkeit
- Gelassenheit
- Erwartungslosigkeit
- Geradlinigkeit
- Mitfreude

Im Geiste des Zen leben heißt aber auch, dass Sie das annehmen, was ist, und sowohl Anhaftung als auch Ablehnung überwinden. Es ist wichtig, dass Sie die Vorstellungen von Erfolg und Misserfolg, Gewinn und Verlust auf dem Weg des Zen loslassen:

Ein Schüler des Zen bat seinen Meister: »Bitte beruhige meinen Geist.« Der Meister antwortete: »Bring mir deinen Geist, dann werde ich ihn beruhigen.« Der Schüler suchte überall nach seinem Geist, konnte ihn aber nicht finden. Da sprach der Zen-Meister: »Siehst du, dein Geist hat seinen Frieden schon gefunden.«

Obwohl ich meine »Zuflucht« in der japanischen Rinzai-Zen-Tradition genommen habe, liegt mir die chinesische Interpretation des Zen (chinesisch: Chan) viel näher. Meiner Erfahrung nach ist sie viel spontaner, authentischer und natürlicher.
In China gehen die ersten Datierungen des Chan auf das 6. Jahrhundert n. Chr. zurück. Ursprünglich stammt der Begriff Chan aus Indien und heißt in der altindischen Sprache, dem Sanskrit, Dhyana. Dhyana bedeutet ein Zustand meditativer Versenkung, der durch Sammlung und Achtsamkeit erreicht wird. Die Lehre des Chan fand im 12. Jahrhundert n. Chr. den Weg von China nach Japan und wurde dort als Zen bekannt.

Wenn man der Geschichte des Zen Glauben schenkt, gilt Bodnidharma als der erste Patriarch der Chan- bzw. Zen-Linie. Der indische Mönch ließ sich 523 n. Chr. im Norden Chinas nieder, in der Provinz Henan, wo auch das sagenumwobene Shaolin-Kloster steht. Bodhidharma, der das buddhistische Gedankengut aus Indien mitbrachte, stieß in China auf den Taoismus und den Konfuzianismus. Aus dem Kontakt dieser drei großen philosophischen Richtungen entwickelte sich die Lehre des Chan.

Meine Ausführungen und die Übungen im Buch lassen sich auf diesen Ursprung zurückführen. Das bedeutet, dass ich der Anwendung und der Integration von Zen in den Alltag, d. h. in die Zwischen-Sitzungszeit, wesentlich mehr Beachtung schenken werde als den theoretischen Hintergründen. Ich möchte Sie ganz bewusst weg von der Theorie, weg vom Denken und hin zur Praxis, zum Handeln führen. Ihr Wille zur Veränderung, Ihre Motivation zum Handeln und Ihre Einsicht zur Kontinuität zählen. Denn jede Veränderung beginnt in diesem Augenblick!

Ein Zen-Meister sagte treffend: »Bevor ich Zen studierte, waren die Berge Berge und die Flüsse Flüsse. Während ich Zen studierte, waren die Berge keine Berge und die Flüsse keine Flüsse. Nachdem ich Zen studiert habe, sind die Flüsse wirklich Flüsse und die Berge wirklich Berge.« Ein anderer Meister formulierte es so: »Wenn ich hungrig bin, dann esse ich. Wenn ich müde bin, dann schlafe ich. Wenn ich meine Dinge verrichten muss, dann gehe ich zur Toilette. Die Narren werden lachen, die Weisen aber werden verstehen.«

Die Welt wird sich nach dem Lesen dieses Buches nicht verändern. Ihre Wahrnehmung der Welt aber schon! Die vollkommene Befreiung zeigt sich im Alltäglichen. Warum also sollte Erleuchtung nicht schon zum Frühstück möglich sein!?

Was die Energie zum Fließen bringt

Die Kraft
liegt im Augenblick.

Energie kennt keine Grenzen. Sie kann nicht zerstört, nur umgewandelt werden. Der rechte Umgang mit Energie bedeutet daher, sie richtig und gezielt einzusetzen. Jeder von uns hat seine eigenen, individuellen Energiemuster. Diese Muster bestimmen, wie wir auf die Welt und unsere Mitmenschen reagieren und ob wir uns zufrieden, ausgeglichen, erfüllt, gesund und angenommen fühlen. Das heißt, dass es von unseren persönlichen Energiemustern abhängt, wie wir mit Krankheiten, Verletzungen und Unfällen umgehen und wie wir Umwelteinflüssen, Stress und den vielfältigen Anforderungen aus unserem sozialen Umfeld begegnen.

Ein Schüler beklagt sich bei seinem Meister: »Meister, ich bin überhaupt nicht zufrieden mit meinen Fortschritten in der Meditation. Ich kann mich nicht konzentrieren, meine Beine schlafen ein, mein Rücken schmerzt, und ich habe große Mühe, wach zu bleiben!« Der Meister erwidert trocken: »Das geht vorüber.« Nach ein paar Wochen berichtet derselbe Schüler seinem Meister voller Freude: »Oh, Meister, meine Meditationen sind wunderbar, ich bin konzentriert und hellwach. Meine Beine und mein Rücken sind ohne Schmerzen. Ich bin im Frieden!« Der Meister antwortet schlicht: »Auch das geht vorüber.«

Wir alle kommen mit bestimmten energetischen Grundvoraussetzungen auf die Welt. Diese Energiepotenziale beeinflussen vom Beginn unseres Lebens an unsere Entwicklungs-, Konzentrations- und Leistungsfähigkeit. Oft ziehen sich diese Energiemuster wie rote Fäden durch unser Leben. Wir sind diesen Mustern aber nicht hilflos ausgeliefert. Jeder Mensch hat die Möglichkeit, aufgrund seiner persönlichen Entscheidungen seine angeborene Energie in die Richtung zu lenken, die er sich wünscht.

Ob Ihre Energie zu- oder abnimmt, hängt von ganz alltäglichen Faktoren ab, wie z. B. der Art, wie Sie denken, was Sie essen und trinken, wie Sie atmen, ob und wie Sie Ihren Körper bewegen und pflegen, wie Sie mit Ihren Gefühlen umgehen, ob und wie Sie Ihre Bedürfnisse befriedigen. Jedes dieser Elemente formt Ihren Geist, prägt Ihre Gedanken, beeinflusst Ihre Gefühle und zeigt sich in Ihren Handlungen, die Ihr Energiemuster aufrechterhalten.

Ganz allgemein formuliert, können wir zwischen folgenden vier Energiemustern unterscheiden:

1. Muster: WENIG ENERGIE

Sie fühlen sich matt und ausgelaugt. Vielleicht sind Sie körperlich leicht angeschlagen oder bereits krank. Sie sind allgemein anfällig für Erkältungen und lassen im Normalfall keine Grippe aus. Nach einer Krankheit sind sie zwar schnell wieder fit und fühlen sich körperlich und geistig gut, aber dieser Zustand hält meist nicht sehr lange an. Sie haben schnell das Gefühl, erschöpft, müde, überfordert und deprimiert zu sein.

Dieses Bild wird als unstabiles und schwaches Energiemuster bezeichnet.

2. Muster: NORMALE ENERGIE

Sie werden Ihren täglichen Anforderungen gerecht. Sie fühlen sich nicht krank, sind aber zwischendurch empfindlich, reizbar, nervös und etwas müde. Manchmal müssen Sie sich zu einer Sache motivieren. Im Grundsatz läuft aber alles rund, es geht Ihnen gut, und alles fühlt sich normal an.

Dieses Bild gilt als gewöhnliches, herkömmliches Energiemuster.

3. Muster: VIEL ENERGIE

Sie sind fit und fühlen sich den Herausforderungen des Lebens gewachsen. Sie werden nur selten krank und Ihre körperliche und geistige Regenerationsfähigkeit ist sehr gut. Ihre Grundstimmung ist ausgeglichen. Sie sind stressresistent, haben einen tiefen Schlaf und einen guten Appetit. Ihre Ausstrahlung wird von den Mitmenschen als positiv und dynamisch bezeichnet.

Dieses Bild zeigt ein gutes und harmonisches Energiemuster.

4. Muster: HÖCHSTE ENERGIE

Sie sind körperlich und geistig ausgeglichen. Ihre Handlungen stehen mit Ihrem Denken und Fühlen in Einklang. Sie besitzen die Fähigkeit, Dinge nach Ihren Wünschen und in Übereinstimmung mit Ihrem wahren Selbst zu beeinflussen. Ihre Anwesenheit wird von Ihren Mitmenschen als Bereicherung und Ihre Ausstrahlung als anziehend empfunden. Ihre wahre Natur zeigt sich in jedem Gedanken, in jedem Wort und mit jeder Tat, die in Harmonie mit dem gesamten Universum steht.

Dieses Bild charakterisiert ein optimales und starkes Energiemuster.

Ihr Energiemuster lässt sich verändern. Ihre Gedanken, Ihre Gefühle und Ihre Handlungen beeinflussen die Qualität und die Quantität Ihrer Energie fortlaufend. Sie entscheiden tagtäglich darüber, ob Sie Ihre Energie stärken oder schwächen. Meist geschieht das aber unbewusst. Sowohl die positiven als auch die negativen Gewohnheitsenergien erfüllen ihren Dienst ganz ohne Ihr bewusstes Zutun.

24 Stunden im Herz-Geist des Zen zu leben bedeutet, dass Sie:

- Ihr persönliches Energiemuster feststellen,
- Ihre Gewohnheitsenergien erkennen,
- Ihre Handlungen (gemäß Ihren Erkenntnissen) bewusst beeinflussen.

Alles beginnt und endet mit unserer Energie. Unser Energiemuster bestimmt, ob wir glücklich, zufrieden und gesund sind oder ob wir uns depressiv, krank und überfordert fühlen.
Die Lehre des Zen ist sich der Wechselwirkung zwischen Körper und Geist bewusst. Jeder Anhänger des Zen strebt deshalb einen ausgeglichenen, zufriedenen und ruhigen Gemütszustand an und achtet auf einen beweglichen, entspannten, starken und gesunden Körper.

Eine Schnecke sagte zum Zen-Meister:

»Ich möchte den Fujiyama, den höchsten Berg in Japan, besteigen. Hast du einen Rat für mich?«

Der Meister antwortete:
»Geh, Schnecke. Aber geh langsam!«

Lang anhaltender Energiemangel oder permanente Energieblockaden führen früher oder später unweigerlich zu physischen oder psychischen Problemen und Erkrankungen. Wenn Sie körperlich und geistig vollkommen gesund sein wollen, müssen Sie nicht nur darauf achten, dass Ihre Energie fließt, sondern auch darauf, dass Ihre Energie an Stärke zunimmt.
Im Zen werden Symptome weder unterdrückt noch behandelt. Ziel ist es, der Ursache, der Wurzel auf den Grund zu gehen. Krankheit zeigt sich demnach nicht nur bei den ersten Anzeichen einer Grippe. Unruhe, Gereiztheit, Ungeduld, Lustlosigkeit, Erschöpfung, Unzufriedenheit, Verspannungen, Verstopfung, Kopf- und Rückenschmerzen usw. sind bereits deutliche Anzeichen dafür, dass der Energiefluss gestört ist.

Die nachfolgenden Kapitel bieten Ihnen die Möglichkeit, sich mit den verschiedenen Aspekten auseinanderzusetzen, die Ihre Energie und somit Ihre Persönlichkeit und Ihr Leben beeinflussen. Sie werden schnell erfahren, dass Zen ein Erkenntnisweg ist und eine äußerst praktische und authentische Lebensweise pflegt.

Die Lehre des Zen bietet Ihnen keine Patentlösungen an. Der Zen-Weg bereitet Sie aber darauf vor, dass Sie alle Antworten in sich selbst finden können!

Die heilende Kraft der Achtsamkeit

Achtsamkeit
ist das Geheimnis
eines glücklichen
Lebens.

Achtsamkeit ist der Schlüsselbegriff in der Zen-Lehre. Wenn Sie Achtsamkeit praktizieren, dann können Sie bewusst Einfluss auf Ihr Denken, Fühlen und Handeln nehmen. Das bedeutet, dass Sie durch die Praxis der Achtsamkeit Ihr Energiefeld reinigen. Sie lösen sich damit aus den negativen, unheilsamen Wiederholungen, die Ihr Energiemuster schwächen und beeinflussen. Im Gegenzug stärken Sie die positiven, heilsamen Eigenschaften und Gewohnheitsmuster.

Im besten Fall hält eine neutrale Energie Einzug, die Sie von den Überlagerungen durch Ereignisse aus der Vergangenheit und deren Wirkungen befreit. Man spricht in diesem Zusammenhang auch vom energetischen Prozess des Loslassens, der die Achtsamkeit in Gang zu setzen vermag. Bewusstheit und klare Wahrnehmung treten an die Stelle von Unbewusstheit, emotionalen Entscheidungen und der Vernebelung des Geistes.

Ein Schüler erkundigte sich bei seinem Zen-Meister: »Bitte, Meister, sage mir, was ist das Wichtigste im Leben?« Der Meister erwiderte: »Achtsamkeit!« Der Schüler bedankte sich für die Antwort und fragte weiter: »Und was ist das Zweitwichtigste?« Der Meister antwortete: »Achtsamkeit!«

Achtsamkeit ist der Weg, sein wahres Ich als das zu erkennen, was es ist: reine Energie! Die Kunst oder die Kraft der Achtsamkeit findet immer nur in der Gegenwart statt. Es ist das Gewahrsein, das unumgänglich ist, um in die Essenz der größten Weisheit eintauchen und sie verstehen zu können. Achtsamkeit ist die Erfahrung des Augenblicks. Achtsamkeit ist das Leben selbst.

Zen ist Achtsamkeit, und Achtsamkeit ist Zen. Es gilt also, ein Bewusstsein für das zu entwickeln, was ist, ohne Kommentar und ohne Bewertung. Wenn das geschieht, dann fallen Tun und Sein zusammen. Dann entsteht das, was man im Zen den Herz-Geist nennt. Erst dann ist ein Leben der wahren Natur, dem natürlichen und authentischen Selbst entsprechend möglich. Jeder Augenblick wird dann ein reiner Ausdruck der unbegrenzten Weisheit, der offenen Weite.

Zen durchdringt den ganzen Kosmos. Nicht die Vergangenheit, nicht die Zukunft, sondern nur das Jetzt – Zen ist Gegenwart. Die geistige Haltung des Zen in den Alltag zu übertragen bedeutet, voll und ganz in das Leben einzutauchen. Sich dem Fluss des Lebens anzuvertrauen, nichts festzuhalten, nichts zu ergreifen, nichts wegzustoßen, nichts zu unterdrücken, nichts zu denken, einfach authentisch da sein. Zen im Alltag ist die Überwindung von Leid und Unzufriedenheit. Es ist der klare Blick, der den Geist von allen Verblendungen befreit. Es ist die Kraft, die frei und unabhängig macht.

Ein Tourist fragt einen Zen-Meister im Bus: »Wieso fotografieren Sie diese wunderschöne Landschaft nicht?«

Der Meister erwidert:
»Ich sehe sie mir gleich hier an!«

Der Weg des Zen lehrt uns, dass unser Umgang mit dem Heute unseren Umgang mit dem ganzen Leben bestimmt. Denn unser Leben ist nichts anderes als die Summe all unserer Tage. Das Geheimnis der Zufriedenheit liegt im Augenblick, und die bewusste Wahrnehmung des Augenblicks ist nur durch Achtsamkeit möglich.
Meist passiert in unserem Leben aber genau das Gegenteil. Wir interpretieren die Wirklichkeit andauernd. Wir nehmen die Realität nicht so an, wie sie ist. Wir sind nicht imstande, die Welt zu sehen, wie sie tatsächlich ist. Wir biegen uns die Welt zurecht und wundern uns darüber, dass uns nichts dauerhaft befriedigt und glücklich macht.

Ein Leben im Herz-Geist des Zen zu führen bedeutet, dass Sie sich Ihrer Angst davor stellen, nicht zu wissen, nicht zu fühlen, nicht zu sehen. Durch diese Bewusstwerdung können Sie Ihrer wahren Natur Ausdruck verleihen und ihr den Raum geben, den sie für die Entfaltung braucht.

Ich stelle Ihnen in diesem Kapitel ein paar einfache Übungen vor, durch die Sie Achtsamkeit wieder in den Alltag integrieren können. Zuallererst müssen Sie aber damit aufhören, »Multitasking« zu sein. Erledigen Sie ab sofort nicht mehr mehrere Tätigkeiten zur selben Zeit! Multitasking mag zwar in unsere Gesellschaft »hip« sein, aber es ist für jeden Einzelnen von uns im höchsten Maß ungesund.
Unser Gehirn kann maximal zwei Aufgaben zur selben Zeit bewältigen. Jede Tätigkeit mehr ist eine Belastung und führt über kurz oder lang zu Reizüberflutung, schnellerer Erschöpfung, Konzentrationsschwäche,

Überforderung, Abnahme des Erinnerungsvermögens, Verringerung der Reaktionsfähigkeit und der Intelligenz, Ausschüttung von Stresshormonen, Verlust der Lebensqualität und der Lebensfreude, Burn-out usw.

Entschleunigen Sie Ihr Leben, indem Sie Ihre Aufmerksamkeit ab jetzt nur noch auf eine Aufgabe lenken und ganz bewusst nur eine Sache auf einmal machen. Sie werden schnell feststellen, dass sich dadurch Ihre Lebensqualität enorm verbessert. Achtsamkeit verhilft Ihnen zu mehr Bewusstheit, d. h., Sie können unangemessene Denk- und Verhaltensweisen überprüfen und sich anpassen.
Ihre Präsenz im Augenblick führt Sie zu mehr Ruhe, was sich wiederum positiv auf Ihr Verständnis und auf Ihr Mitgefühl auswirkt. Innezuhalten und zu reflektieren fördert die Selbstbeobachtung und schenkt Ihnen zusehends mehr Klarheit und Einsicht. Ihr Leben gewinnt auf diese Weise an Intensität, Fülle und Energie, und Sie befreien sich zugleich aus dem Hamsterrad der Ablenkungen und den tausend verschiedenen Möglichkeiten.

Nachfolgend möchte ich Ihnen anhand von sechs einfachen Beispielen zeigen, wie Sie Ihre Achtsamkeit im Alltag schulen und pflegen können. Danach liegt es an Ihnen, dieses Prinzip auch auf andere Aspekte in Ihrem Leben zu übertragen!

Das Achtsamkeitstraining beginnt:

Das Telefon klingelt!

Lassen Sie das Telefon mindestens zwei Mal klingeln, bevor Sie den Hörer abheben. Achten Sie unbedingt darauf, dass Sie das Klingeln nicht unterbrechen, sondern warten Sie, bis eine Pause zwischen den einzelnen Klingeltönen entsteht, in der Sie den Hörer abnehmen beziehungsweise den Anruf entgegennehmen können. Unterbrechen Sie ganz bewusst die Tätigkeit, die Sie gerade ausführen. Richten Sie Ihre volle Aufmerksamkeit auf Ihr »Hallo!« oder auf Ihren Namen, wenn Sie einen Anruf annehmen. Es spielt keine Rolle, wer sich am anderen Ende der Leitung befindet. Schenken Sie diesem Menschen Ihre ganze Aufmerksamkeit!

Die rote Ampel!

Wenn Sie das nächste Mal an einer roten Ampel anhalten und warten müssen, versuchen Sie, Ihre Konzentration auf dem roten Licht zu halten. Verstellen Sie nicht die Lautstärke am Radio, führen Sie kein Telefongespräch, versenden Sie keine SMS, beißen Sie nicht in einen Apfel, überprüfen Sie weder Ihre Haare noch Ihr Make-up. Schauen Sie nicht in den Rück- oder in den Seitenspiegel, und nehmen Sie die Finger vom Navigationsgerät. Lassen Sie Ihre Achtsamkeit einfach nur auf die rote Ampel gerichtet. Wenn es Grün wird, fahren Sie unverzüglich los.

Geschirr spülen!

Ob Sie nun Geschirr spülen oder Ihre Wohnung putzen, ab jetzt ändern Sie Ihre geistige Einstellung zu diesen Aktivitäten. Es besteht nämlich ein großer Unterschied darin, wie Sie Ihr Geschirr spülen oder Ihre Wohnung säubern.

1. MÖGLICHKEIT: Sie tun es, damit Sie wieder sauberes Geschirr haben und einen Tee trinken oder ihre Gäste in eine aufgeräumte Wohnung einladen können.

2. MÖGLICHKEIT: Sie waschen ab, um abzuwaschen, und Sie putzen, um zu putzen.

Ich möchte, dass Sie die zweite Möglichkeit in Ihrem Denken, Handeln und Fühlen kultivieren! In dem Moment, in dem Sie abwaschen, um abzuwaschen, und putzen, um zu putzen, lenken Sie Ihren Fokus nicht auf das Ziel, sondern auf den Moment. Das bedeutet, dass Sie nicht für ein fernes Ergebnis in der Zukunft handeln, sondern dass Sie bereits während des Spülens oder während des Staubwischens leben. Sie sind präsent, d. h., Sie sind im Hier und Jetzt anwesend. Ihr Leben findet immer nur in der Gegenwart statt. Verpassen Sie es also nicht!

Bewusst rauchen und achtsam Schokolade essen!

Am besten ist es, wenn Sie nicht rauchen! Falls Sie aber rauchen, dann tun Sie es bitte ganz bewusst. Rauchen Sie nicht nur einfach aus Langeweile, aus Gewohnheit oder aus Frust. Genießen Sie Ihre Zigarette, und schenken Sie ihr Ihre volle Aufmerksamkeit! Wenn Sie rauchen möchten, nehmen Sie eine Zigarette, zünden Sie sie an, und ziehen Sie beim Einatmen den Rauch ganz achtsam und tief in Ihre Lunge. Lassen Sie beim Ausatmen den Rauch wieder aus Ihrem Mund strömen. Beobachten Sie diesen Vorgang jedes Mal, wenn Sie einen Zug nehmen. Atmen Sie tief ein und bewusst aus. Drücken Sie dann die Zigarette aus. Werfen Sie den Zigarettenstummel nicht einfach auf den Boden, sondern entsorgen Sie ihn in einem dafür vorgesehenen Abfalleimer.
Schreiben Sie während des Rauchens keine SMS oder E-Mail, lesen Sie nicht Zeitung oder ein Buch, und telefonieren Sie nicht. Unterhalten Sie sich wenn möglich auch nicht mit anderen. Halten Sie Ihre Achtsamkeit nur auf das Rauchen der Zigarette gerichtet. Seien Sie ganz bei der Sache! Und rauchen Sie nicht, wenn Sie keine Zeit dafür haben!

Selbstverständlich können Sie diese wirksame Methode auch auf das Essen von Schokolade übertragen. Kauen Sie also jeden Bissen ganz bewusst, und lassen Sie sich beim Genuss von Schokolade von nichts und niemandem ablenken!

Im Stau stehen oder an der Kasse anstehen!

Wenn Sie das nächste Mal im Stau oder an einer Kasse stehen müssen, nutzen Sie diese Wartezeit. Geben Sie sich nicht Ihren Gefühlen und Gedanken hin, die Ihnen vorgaukeln, dass Sie sich in der falschen Schlange befinden oder dass Sie die falsche Fahrspur gewählt haben. Schauen Sie sich nicht um, ob es sich lohnt, die Schlange oder die Fahrspur zu wechseln. Lassen Sie Ihre Unruhe, Ihre Ungeduld, Ihre Anspannung und Ihren Ärger los. Es ist so, wie es ist.
Sie können nie an einem anderen Ort sein als an dem Ort, an dem Sie sich gerade befinden! Also, nutzen Sie diese unerwartete Pause, und konzentrieren Sie sich auf Ihre Atmung. Nehmen Sie ganz bewusst ein paar tiefe Atemzüge. Atmen Sie achtsam ein und aus, und verfolgen Sie in Ihrem Geist den Weg Ihres Atems. Entspannen Sie sich. Ist es nicht schön, wenn Sie einmal nichts tun müssen?! Sie warten und atmen, auch das ist Leben!

Der Weg ist das Ziel, und nehmen Sie sich Zeit!

Es spielt keine Rolle, ob Sie absichtslos spazieren gehen oder sich von A nach B bewegen. Nehmen Sie mit Ihren Füßen wirklich bewusst Kontakt zum Boden auf. Spüren Sie Ihre Fußsohlen? Wie ist die Unterlage beschaffen, auf der Sie im Moment gehen? Wie ist Ihr Tempo? Haben Sie nur Ihr Ziel vor Augen? Nehmen Sie die Natur, das Wetter, die Menschen, die Geräusche, die Farben überhaupt wahr? Spüren Sie sich? Wie ist Ihre Haltung? Wie atmen Sie? Wo sind Sie mit Ihren Gedanken? Versuchen Sie, das Gehen nicht nur als Strecke zwischen Start und Ziel zu sehen! Bewegen Sie sich bewusst. Schaffen Sie auch hier Präsenz für den gegenwärtigen Augenblick. Gehen Sie nicht, um anzukommen. Gehen Sie, um des Gehens willen!

Oft hetzen wir aus reiner Gewohnheit von einer Aufgabe zur nächsten. Am Abend zu Hause angekommen, schalten wir dann gelangweilt von TV-Sender zu TV-Sender und wissen nicht, was wir mit unserer Zeit anfangen sollen. Es lohnt sich, wenn Sie sich regelmäßig die Frage stellen, wofür Sie sich tagsüber Zeit einsparen. Wieso Sie von Termin zu Termin hetzen? Und weshalb Sie permanent auf der Überholspur des Lebens fahren? Überprüfen Sie Ihre Ungeduld auf die Ursache, die dahintersteckt. Oft finden Sie überhaupt keinen triftigen Grund für Ihre Eile. Hören Sie auf damit! Reduzieren Sie das Tempo, und nehmen Sie den Fuß vom Gaspedal Ihres Lebens!

Die Kunst der Achtsamkeit schenkt Ihnen viel Energie. Achtsamkeit ist die wunderbare Kraft, die in jedem bewusst gelebten Augenblick Ihres Lebens steckt. Durch sie gewinnen Sie ein tiefes Verständnis Ihres Selbst. Praktizierte Achtsamkeit lässt Sie die Kostbarkeit jedes Augenblicks gewahr werden und hilft Ihnen dabei, auch schwierige Situationen im Leben zu meistern und gestärkt aus ihnen hervorzugehen.

Achtsamkeit verbindet Sie mit dem wahren Leben und erlaubt Ihnen ganz konkret, Einfluss auf Ihr Denken, Fühlen und Handeln zu nehmen. Veränderungen finden immer in der Gegenwart statt, und das ist exakt der »Ort«, an den Sie die Achtsamkeit hinführt!

Mit der Achtsamkeit im Gepäck starten wir nun unsere 24-Stunden-Reise im Herz-Geist des Zen. Ich wünsche Ihnen von Herzen viel Freude!

In einem Seminar warteten die Teilnehmer im Meditationsraum auf den Zen-Meister, um von ihm die morgendliche Belehrung zu erhalten. Der Meister erschien, rückte sein Meditationskissen zurecht und nahm Platz. In dem Moment, als er seinen Vortrag eröffnen wollte, begann ein Vogel draußen zu singen. Der Meister hielt inne und wies seine Schüler schweigend darauf hin, dem Gesang zu lauschen. Nach wenigen Minuten verstummte der Vogel. Der Meister blieb eine kurze Zeit weiterhin in Stille sitzen, stand dann auf und sprach zu seinen Schülerinnen und Schülern: »So, die heutige Belehrung ist zu Ende.«

Der Wecker klingelt

Wenn nicht jetzt,
wann dann?
Wenn nicht du,
wer dann?

Die Lehre des Zen beginnt für Sie bereits mit dem Aufstehen. Entweder klingelt am Morgen der Wecker oder Sie werden von allein wach. In jedem Fall gilt es jetzt aufzustehen! Das klingt zunächst einfach und logisch. Doch wie oft erlebt man, dass man sich wieder auf die andere Seite dreht oder den Wecker noch einmal auf 15 Minuten später einstellt.

Manche Menschen pflegen sogar die »Multi-Wecker-Taktik«, d. h., sie lassen mehrere Wecker zu unterschiedlichen Zeiten klingeln, meistens in Abständen von fünf bis zehn Minuten. Erst beim letzten Weckruf, das ist oft der Wecker, der am weitesten vom Bett entfernt platziert wurde, stehen sie auf. Bestimmt kennen Eltern auch den flehenden Ruf ihrer Kinder am Morgen nach dem Klopfen an der Schlafzimmertür: »Bitte! Ich möchte nur noch fünf Minuten liegen bleiben!«

Im Zen gilt die Regel: Nicht nachdenken, sondern aufstehen! Sie haben sich bereits am Vorabend Gedanken darüber gemacht, weshalb Sie den Wecker auf eine bestimmt Uhrzeit gestellt haben. Ob Sie sich am Morgen nun nicht mehr daran erinnern können oder wollen, das spielt keine Rolle. Seien Sie glaubwürdig, vertrauen Sie sich selbst, und stehen Sie auf!

Die Kernbotschaft im Zen lautet also:
Tun Sie das, was getan werden muss.

[Ein Schüler nahm das erste Mal an einem Zen-Sesshin, einem längeren Meditations-Retreat, teil. Er bat den Zen-Meister: »Bitte zeige mir den Zen-Weg. Ich bin ganz neu hier.« Der Meister fragte den Mann: »Hast du schon gefrühstückt?« Der Schüler antwortete: »Ja, ich habe bereits gefrühstückt.« Darauf erwiderte der Meister: »Gut, dann geh, und wasche deine Essschalen.«]

Ihre Schlaf- und Aufstehgewohnheiten bestimmen maßgeblich, wie viel Energie Ihnen tagsüber zur Verfügung steht. Ganz entscheidend ist, dass Sie den Tag ruhig, entspannt und positiv in Angriff nehmen können, d. h. ohne Hektik und Zeitdruck, dafür aber mit Freude. Regelmäßigkeit ist hier das Zauberwort. Es meint, dass Sie unabhängig davon, wann Sie abends zu Bett gehen, am Morgen immer zur selben Zeit aufstehen sollten.

Ein chinesischer Chan-Meister hat einmal zu mir gesagt: »Wenn der Mensch körperlich und geistig wirklich ausgeglichen und gesund ist, reichen ihm täglich sechs Stunden Schlaf. Jeder, der mehr benötigt, ist bereits physisch oder psychisch angeschlagen beziehungsweise krank! Das heißt, dass dieser Mensch sein Energiemanagement nicht richtig unter Kontrolle hat und permanent mehr Energie verbraucht, als er besitzt.«

Ein guter Start in den Tag beginnt also mit einem regelmäßigen Schlaf-Wach-Rhythmus und mit ein paar ganz einfachen Ritualen. Ihre innere Uhr muss merken, dass es am Morgen losgeht! Ihre Stoffwechselvorgänge müssen durch die Botenstoffe in Ihrem Körper in Schwung kommen!

Ein guter Start in den Morgen! So funktioniert es:

- Bleiben Sie nicht liegen, sondern stehen Sie auf, wenn der Wecker klingelt.
- Recken und strecken Sie Ihren ganzen Körper, und gähnen Sie tief.
- Lächeln Sie jetzt ganz bewusst, und begrüßen Sie den neuen Tag mit einem Dankeschön.

Das bewusste Lächeln und die Dankbarkeit, die Sie dem neuen Tag entgegenbringen, helfen Ihnen dabei, jeden neuen Morgen als Geschenk anzunehmen. Mit der Zeit lernen Sie auch das frühe Aufstehen zu schätzen. Und zwar dann, wenn Sie merken, dass es keine Selbstverständlichkeit ist, dass Ihnen wieder ein neuer Tag mit 24 Stunden voller Erfahrungen und Möglichkeiten zur Verfügung steht. Es ist eine Illusion, wenn Sie glauben, dass Sie ein Anrecht auf den nächsten Tag haben!
Menschen, die mit einem Gefühl der Wertschätzung und Dankbarkeit in den Tag starten, sind erwiesenermaßen mit Ihrem Alltag zufriedener und mit Ihrem Leben glücklicher. Wahre Dankbarkeit erkennt den Augenblick so an, wie er ist. Und echt empfundene Dankbarkeit trägt im Gepäck die Energie der Freude mit sich.

Die Kraft des Lächelns ist den taoistischen Meistern seit Jahrtausenden bewusst. Sie vertreten die Ansicht, dass jedem Lächeln eine starke Energie innewohnt, die mit dem Nektar einer Blume vergleichbar ist. Ein Lächeln hat die Fähigkeit, Ihren Körper und Ihren Geist zu nähren. Jede Zelle wird durch ein bewusstes Lächeln mit positiver Energie versorgt. Das hat zur Folge, dass Ihr Immunsystem widerstandsfähiger wird, sich Ihre Zufriedenheit vergrößert und sich Ihre physische und psychische Gesundheit verbessert.
Dabei spielt es keine Rolle, ob Ihnen wirklich zum Lächeln zumute ist oder nicht. Wissenschaftler haben herausgefunden, dass Ihr Körper unabhängig von Ihrer tatsächlichen Stimmung auf das Lächeln reagiert. Das bedeutet, dass Ihr Körper trotz Ihrer schlechten Laune Glückshormone ausschüttet!

Zen ist eine Philosophie, die ganz ohne Götter auskommt.

Gott sei Dank!

Die Energie des Lächelns beruht auf einer inneren Haltung. Man spricht in diesem Zusammenhang auch vom inneren Lächeln, das uns direkt mit der Lebenskraft verbindet. Achtsamkeit und Bewusstheit beginnen im Alltag, und zwar bereits beim Erwachen. Ich empfehle Ihnen, jeden neuen Tag mit folgendem Satz zu beginnen:

**»Ich öffne die Augen,
ein neuer Tag liegt vor mir,
ich bin dankbar dafür und lächle.«**

Sie können diese kraftvollen Zeilen in Gedanken oder laut sprechen. Wichtig ist nur, dass Sie ganz bei der Sache sind. Jetzt steht einem gelungenen Start in den Tag nichts mehr im Weg. Das Fundament ist gelegt, und darauf können Sie nun bewusst aufbauen.

Reinige deinen Körper

Schenke deinem
Geist
einen gesunden
Körper.

Sie haben den Tag lächelnd und mit einem Dankeschön begrüßt. Jetzt verzichten Sie bitte ganz bewusst auf Musik, die Nachrichten im Radio oder auf die Morgenshow im TV. Schalten Sie Ihr Handy oder Ihren Computer erst so spät wie möglich ein. Genießen Sie die Stille!

Nachfolgend stelle ich Ihnen Techniken zur sinnvollen Reinigung Ihres Körpers vor. Zu Beginn kostet Sie die eine oder andere Übung bestimmt etwas Überwindung. Aber das ist ganz normal, denn unser Geist mag es nicht, wenn unsere Gewohnheiten mit neuen Impulsen, Ideen und Abläufen durchbrochen werden. Mit der Zeit, der damit verbundenen positiven Erfahrung und der Zunahme an Energie werden Sie diese kleinen Rituale nicht mehr missen wollen. Versuchen Sie es. Es lohnt sich!

Sie werden bald feststellen, dass Sie sich nicht nur von körperlichem, sondern auch von mentalem Ballast befreien können. Ihr Gefühl für Ihren Körper wird sich angenehm verändern, was wiederum Ihren Geist günstig beeinflusst. Ganz allgemein werden Sie erfahren, dass Sie sich ausgeglichener, befreiter, gesünder und fitter fühlen. Energieblockaden werden beseitigt, und Ihr Energiepotenzial steigt an. Sie werden schon nach wenigen Wochen positive Veränderungen spüren, vorausgesetzt, Sie wenden die Techniken regelmäßig an. Regelmäßig meint hier: Jeden Tag!

Trotzdem werde ich Ihnen vereinzelt auch alternative Übungen anbieten. Denn manche Techniken können Sie zum Beispiel aus Zeitgründen nicht jeden Tag durchführen, vor allem dann nicht, wenn Sie berufstätig sind oder bestimmte zeitliche Verpflichtungen einhalten müssen. Diese Rituale eignen sich dann hervorragend für das freie Wochenende.

Die Reinigung des Körpers – so funktioniert es:

- Entleeren Sie Ihre Blase und wenn möglich auch Ihren Darm.
- Waschen Sie Ihr Gesicht mit kaltem Wasser.
- Reinigen Sie Ihre Zunge mit Salz.
- Befreien Sie mit einem kleinen Löffel Ihre Zunge von Belag.
- Spülen Sie Ihre Nase mit warmem Salzwasser.
- Putzen Sie Ihre Zähne.
- Reiben Sie Ihren ganzen Körper von Kopf bis Fuß mit warmem Öl ein.
- Nehmen Sie eine Dusche oder ein Bad.
- Trinken Sie mindestens 200 ml heißes Wasser mit frischem Ingwer.

In der Philosophie des Zen sind die Sauberkeit und die Pflege des Körpers ganz wichtig. Die Zen-Lehre geht davon aus, dass ein unreiner Körper keine reinen Gedanken hervorbringen kann. Ich habe bereits die Wechselwirkung zwischen Körper und Geist angesprochen. In der Einhaltung von gewissen Regeln und hygienischen Verhaltensweisen zeigt sich der praktische Bezug des Zen zum Leben. Sauberkeit ist eine Grundhaltung und eine Lebensführung.

Der japanische Zen-Meister Dōgen, der im 13. Jahrhundert n. Chr. lebte, gilt als der Begründer der Soto-Zen-Linie in Japan. Er sagte diesbezüglich: »Pflegt euren Körper. Reibt ihn mit Öl ein, badet und wascht ihn und befreit ihn von Schmutz und Staub. Kürzt eure Fingernägel und schneidet das Haar. Legt ein sauberes, neues Gewand an, und seid innen wie außen rein.« Interessant ist wieder der ganzheitliche Aspekt, den Zen-

Meister Dōgen anspricht. Durch die Reinigung des Körpers vollzieht sich auch eine Reinigung des Geistes. Die Handlung des Alltags zielt ganz eindeutig auch auf die spirituelle Praxis.

Im Zen-Weg wird die Ansicht vertreten, dass durch das Handeln ein direkter Zugang zur Wahrheit und zur allumfassenden Wirklichkeit möglich ist. Denn gerade so banale Tätigkeiten wie die Reinigung des Körpers oder das Abwaschen des schmutzigen Geschirrs bieten dem Praktizierenden die Möglichkeit, weg vom Denken, weg von der sinnlichen Wahrnehmung direkt ins Hier und Jetzt, ins aktive Tun, in das Handeln zu kommen. Innen kann von außen nicht unterschieden werden. Beides bedingt und beeinflusst sich gegenseitig.

Buddha formulierte es so: »Bade dich drei Mal, und lasse drei Mal Räucherwerk abbrennen. Das macht deinen Körper und deinen Geist sauber und rein.« In einigen Lehrreden von Buddha und auch von Dōgen wird der Ablauf der Reinigung ganz systematisch in einzelnen Schritten festgehalten. So heißt es zum Beispiel: »Zuerst wasche den Körper, dann den Geist: die Füße, das Gesicht, die Augen, den Mund, den Stuhl- und den Harnausgang. Nun folgen die Hände, die Essschalen, das Gewand und zum Schluss der Kopf.«

Der japanische Zen-Meister Eisai, der Begründer der Rinzai-Zen-Linie in Japan, lebte im 12. Jahrhundert und brachte die Methode der Zungenreinigung aus China nach Japan mit. Dōgen, der diese Technik ebenfalls übernahm, formulierte es treffend, als er sagte: »Mund und Zähne zu reinigen bedeutet, das Tor zur Befreiung aller Lebewesen zu öffnen und die höchste Befreiung zu verwirklichen.« Dōgen legte sogar die exakte Uhrzeit fest, wann welcher Körperteil gewaschen werden sollte. Auch den Gang zur Toilette hat er minutiös beschrieben.

Die Zen-Lehre geht von der kosmischen Ordnung aus, die den spirituell-geistigen und den materiell-körperlichen Aspekt aller Wesen und Dinge einschließt. Bereits der Akt der Reinigung kann zur Transzendenz führen. Die Wahrheit liegt in der Einfachheit der Natur und der Verrichtung der alltäglichen, banalsten Dinge.

Was schenken sich Zen-Buddhisten zum Geburtstag?

Nichts!

Der morgendliche Gang zur TOILETTE ist sehr wichtig für Ihre Gesundheit. Die Entleerung der Blase ist für die meisten Menschen keine große Sache, die Darmentleerung hingegen schon. Täglicher Stuhl ist eine Grundvoraussetzung für Ihr körperliches und geistiges Wohlbefinden. Machen Sie sich diesbezüglich aber keine Gedanken. Nach ein paar Monaten löst sich dieses Problem von ganz allein, wenn sich Ihr Körper an den neuen Ablauf gewöhnt hat.

Waschen Sie nun Ihr GESICHT, vor allem auch die Augen, mit kaltem Wasser. Das wirkt belebend auf Ihren Kreislauf, macht Sie wach und schenkt Ihnen einen klaren Kopf. Durch das kalte Wasser werden zudem Augenringe und geschwollene Augen verringert. Wichtig: Reiben Sie morgens nach dem Aufstehen nie Ihre Augen mit ungewaschenen Händen.

Reinigen Sie nun Ihre ZUNGE. Nehmen Sie dazu etwas Salz (Speisesalz oder Meersalz) auf Ihren Zeigefinger, und reiben Sie damit Ihre ganze Zunge ein. Entfernen Sie dann den Belag mit einem kleinen Löffel oder mit einem Zungenschaber. Achten Sie darauf, dass Sie den Belag nicht verschlucken. Dieses einfache Ritual entfernt die Mischung aus Toxinen und Bakterien, die sich über Nacht bei den meisten Menschen auf der Zunge bilden und im Zungenbelag ablagern. Häufig ist dieser Belag die Ursache für schlechten Atem, Karies oder Parodontose.

Spülen Sie nun Ihre NASE mit warmem Salzwasser. Im Fachhandel sind kleine Nasenkännchen erhältlich. Diese erleichtern Ihnen das Einbringen des Wassers in die Nase. Das warme Salzwasser reinigt die Nase, die Nasennebenhöhlen und die Nasenschleimhaut. Das Spülen der Nase

wirkt sich sehr positiv bei Allergien, z. B. bei Heuschnupfen oder einer Hausstauballergie, aus.
Diese einfache Technik stärkt Ihr Abwehrsystem, befreit die Atemwege, verschafft Linderung bei verstopfter oder triefender Nase und hilft ganz allgemein bei Erkältungen und Entzündungen der Stirn- und Nebenhöhlen. Nehmen Sie dazu etwa 1 g Salz auf 100 ml warmes Wasser. Das Salz sollte sich im Wasser gut aufgelöst haben, bevor Sie ein Nasenloch nach dem anderen mit dem Salzwasser reinigen. Säubern Sie Ihre Nase anschließend mit einem Taschentuch. Übrigens: In Apotheken und Drogerien sind auch bereits fertige Kochsalzlösungen für eine Nasenspülung erhältlich.
Zur zusätzlichen Pflege Ihrer Nase können Sie nun in jedes Nasenloch ein bis zwei Tropfen Öl geben. Entweder verwenden Sie dazu ein reines Öl (z. B. gereiftes, biologisches Sesamöl), oder Sie nutzen ein spezielles Kräuteröl für die Nase, das es im Fachhandel gibt.

Putzen Sie nun Ihre ZÄHNE.

Nehmen Sie eine DUSCHE, oder gönnen Sie sich ein Bad. Es ist wichtig, dass Sie täglich, am besten am Morgen, duschen oder baden, damit Sie die Energien, die sich im Schlaf angesammelt haben, neutralisieren.

Wenn Sie genügend Zeit haben, empfehle ich Ihnen, dass Sie sich mindestens 2 bis 3 Mal pro Woche vor dem Duschen eine MASSAGE mit 50–100 ml Öl gönnen. Die Massage nimmt etwa 10 bis 15 Minuten Ihrer Zeit in Anspruch. Die Wirkung einer Massage ist so verblüffend, dass Sie sie sehr schnell nicht mehr missen möchten. Eine Ganzkörperölmassage wirkt ganzheitlich, ausgleichend, entgiftend, harmonisierend und beruhigt das Nervensystem. Sie hilft zudem bei Schlafstörungen und nährt Ihre Haut.
Sie können die Ölmassage im Sitzen oder Stehen durchführen. Achten Sie darauf, dass das Zimmer, in dem Sie die Massage machen, angenehm warm temperiert ist. Ideal ist es, wenn Sie das Öl vor der Behandlung etwas anwärmen. Es sollte aber nicht viel wärmer als Ihre Körpertemperatur sein. Am besten stellen Sie dazu das Öl für eine kurze Zeit in ein heißes Wasserbad. Die Massage sollte ruhig, achtsam, langsam und mit sanftem Druck durchgeführt werden. Verwenden Sie gereiftes Sesam-

öl oder auch Olivenöl. Wenn Sie unter Allergien leiden oder Probleme mit Ihrer Haut haben, greifen Sie für die Ölmassage zu einem Massageöl, das auf Ihren Hauttyp abgestimmt ist. Kaufen Sie nur Pflanzenöle, die biologisch angebaut wurden.
Massieren Sie immer mit der ganzen Hand, nicht nur mit den Fingerspitzen. Am besten verteilen Sie das Öl zu Beginn der Massage gleichmäßig auf dem ganzen Körper, dem kompletten Kopf und dem Gesicht. Alle Gelenke werden mit kreisenden Bewegungen, alle Muskeln mit streichenden Auf- und Abwärtsbewegungen massiert. Es ist sinnvoll, wenn Sie den nachfolgenden Ablauf einhalten:

- Zuerst massieren Sie den Kopf, die Ohren und dann das Gesicht.
- Dann folgen Hals, Schultern, Arme, Hände und Finger.
- Nun werden der Brust- und der Bauchbereich behandelt. Massieren Sie den Bauch mit kreisenden Bewegungen im Uhrzeigersinn.
- Beziehen Sie auch den Rücken so gut wie möglich (je nach Flexibilität) in die Massage mit ein. Wichtig ist die Lendengegend.
- Beine und Gesäß können Sie kräftiger massieren.
- Zum Schluss folgen Füße und Zehen.

Verzichten Sie auf die Anwendung der Ölmassage, wenn Sie erkältet oder krank sind. Die Massage wirkt am besten morgens auf leeren Magen. Sie fördert die Ausscheidung von Giften und Schlackenstoffen. Wichtig ist, dass Sie das Öl mindestens 15 bis 25 Minuten in die Haut einziehen lassen, bevor Sie unter die Dusche steigen. Nur so hat Ihr Körper genügend Zeit, das Öl zu absorbieren, und die volle Wirkung der Ölmassage kann sich entfalten. Die Verwendung von Seife ist beim Abwaschen des Öls nicht nötig. Heißes Wasser genügt. Nach dem Duschen werden Sie das sehr angenehme Gefühl und die wohltuenden Eigenschaften des Öls auch während des Tages noch genießen können.

Verwöhnen Sie sich zudem 1 Mal pro Woche mit einem BAD AUS MEERSALZ. Gerade als aktiver Mensch ist es wichtig, dass man zwischendurch immer wieder einmal innehält und körperlich sowie geistig zur Ruhe kommt. Ein Salzbad eignet sich hervorragend zur Erholung und zum Stressabbau nach einem anstrengenden Arbeitstag oder an einem arbeitsfreien Wochenende. In Kombination mit sanfter Musik, weichem Kerzenlicht und einem angenehmen Räucherduft wird das Baden zu einem kleinen Spa-Erlebnis in den eigenen vier Wänden und ist Balsam für Ihren Körper und Ihren Geist.

Trinken Sie jetzt (auf nüchternen Magen) mindestens 200 ml heißes, abgekochtes WASSER MIT ETWAS FRISCHEM INGWER. Das aktiviert und unterstützt Ihre Verdauung und Ihren Stoffwechsel, regt den Appetit an, wärmt Ihre Mitte, löst Verspannungen und Verkrampfungen im Magen- und Darmtrakt und unterstützt die Entschlackung. Zudem fördert es die Entgiftung, beugt Erkältungen vor, reduziert Übergewicht, regt die Entwässerung an, stärkt das Immunsystem, wirkt vitalisierend und regt Ihren Kreislauf an.

Das ist es! Sie werden bereits nach wenigen Tagen oder Wochen bemerkenswert positive Veränderungen in Ihrem Körper und Ihrem Geist feststellen. Es sind einfache, sehr wirkungsvolle Techniken, die Ihr Wohlbefinden steigern, Krankheiten vorbeugen und einen Ausgleich bei kleinen Störungen schaffen.

Noch ein Tipp:

Die alten Zen-Meister sprachen davon, dass man über den ganzen Tag verteilt 8 Mal 200 ml heißes, abgekochtes Wasser trinken soll. Das heiße Wasser entschlackt und entgiftet, verbessert das Hautbild, stärkt die Verdauung, wirkt Müdigkeit entgegen, beruhigt das Gemüt und ist Lebensspender und Lebenselixier. Probieren Sie es aus!
Kochen Sie morgens etwa 2 l Wasser 10 bis 15 Minuten lang. Durch das längere Kochen wird das Wasser mit Energie angereichert und gewinnt an Qualität, die die Reinigung der feinen Energie- und Körperkanäle durch tieferes Eindringen in den Körper erst ermöglicht. Falls das Wasser sehr kalkhaltig ist, filtern Sie es vorher mit einem Wasserfilter, und füllen Sie es dann in eine Isolierkanne. Trinken Sie es über den Tag verteilt in kleinen Schlucken.

Ein Zen-Schüler fragte seinen Meister: »Wir müssen jeden Tag aufstehen, uns anziehen und essen. Wie können wir uns von alledem befreien?« Der Meister antwortete: »Wir stehen auf, ziehen uns an und essen.« Der Schüler erwiderte: »Meister, ich verstehe das nicht.« Darauf sagte der Meister: »Wenn du es nicht verstehst, dann steh auf, zieh dich an, und iss dein Essen!«

Ich halte nochmals fest:

- Bleiben Sie nicht liegen, sondern stehen Sie auf, wenn der Wecker klingelt.
- Recken und strecken Sie Ihren ganzen Körper, und gähnen Sie tief.
- Lächeln Sie ganz bewusst, und begrüßen Sie den neuen Tag mit einem Dankeschön.
- Entleeren Sie Ihre Blase und wenn möglich auch Ihren Darm.
- Waschen Sie Ihr Gesicht mit kaltem Wasser.
- Reinigen Sie Ihre Zunge mit Salz.
- Befreien Sie mit einem kleinen Löffel Ihre Zunge von Belag.
- Spülen Sie Ihre Nase mit warmem Salzwasser.
- Putzen Sie Ihre Zähne.
- Wenn Sie Zeit haben, reiben Sie Ihren ganzen Körper von Kopf bis Fuß mit warmem Öl ein.
- Nehmen Sie eine Dusche oder ein Bad.
- Trinken Sie auf nüchternen Magen mindestens 200 ml heißes Wasser mit frischem Ingwer.

Ein junger Schüler bat seinen Meister, ihm die große Zen-Lehre auf eine einfache Art und Weise näherzubringen. Der Meister antwortete: »Ich gehe jetzt zur Toilette, um zu pinkeln. Das ist eine kleine Angelegenheit, aber ich muss sie selbst ausführen.«

Bewege deinen Körper

> Komme wieder
> in Kontakt
> mit deinem Körper.

Zen drückt sich in der Bewegung durch ein einfaches Merkmal aus: Sie gewinnen an Energie! Im Gegensatz zu den herkömmlichen Fitness- und Sportarten, bei denen Sie mehr Energie verlieren als gewinnen, profitieren Sie bei den energetischen Übungen von einer Steigerung Ihrer körperlichen und geistigen Kraft und Ihres Wohlbefindens.

Der Irrglaube, dass der Körper exzessiv trainiert werden müsse, hält sich hartnäckig in vielen Köpfen der Menschen. Ganz nach dem Grundsatz »no pain, no gain« quälen sie sich in Studios und Kursen, und vergessen aufgrund ihres leistungs- und erfolgsorientierten Denkens, auf die Signale ihres Körpers zu achten.
Dass unser Körper Bewegung braucht und sich nur durch einen vernünftigen Widerstand entwickeln kann, ist unumstritten. Ein »geparkter« Körper, d. h. ein Körper, der weder trainiert noch bewegt wird, erleidet das gleiche Schicksal wie ein Auto, das nicht gefahren wird. Standschäden sind die Folge!

Mit leichter, sinnvoller und gesunder Bewegung starten Sie schwungvoll in den Tag, denn die richtige Aktivität am Morgen schüttet das Glückshormon Serotonin aus. Sie werden schnell feststellen, dass dieses Hormon Ihren ganzen Tag in einem völlig neuen und positiven Licht erstrahlen lässt.

Regelmäßige Bewegung:

- schützt und stärkt das Herz-Kreislauf-System.
- verringert das Risiko von Herzinfarkten und senkt die Gefahr, an Bluthochdruck zu erkranken.
- unterstützt den Muskel- und den Knochenaufbau.
- senkt das Risiko von Durchblutungsstörungen im ganzen Körper.
- wirkt Verstopfung entgegen.
- vermindert allgemein das Risiko, an Krebs zu erkranken.
- hält den Körper und den Geist beweglich.
- wirkt sich positiv bei Angstzuständen, negativen Gefühlen, Stress und Depressionen aus.
- fördert den schnelleren Abbau der Stoffwechselprodukte und somit die Ausscheidung der Gift- und Schlackenstoffe.
- stärkt das Hormon- und das Immunsystem.
- steigert die Konzentrationsfähigkeit, die Kreativität und die Denkleistung.

Im Gedankengut des Zen sind diese Vorzüge selbstverständlich bekannt. Sie gelten als logische Nebenwirkungen, eine naturgemäße Konsequenz der Bewegung. Bewegung ist etwas ganz Natürliches. Sie soll aber nicht nur zur reinen Gesunderhaltung und verbesserten Beweglichkeit des Körpers führen, sondern vor allem auch den Geist in seinen natürlichen Zustand versetzen. Dieser Zen-Geist ist offen und fließend. Er ist die absolute Bedingung für ein erfülltes, glückliches und selbstbestimmtes Leben.

Bewegung nach der Lehre des Zen bedeutet deshalb, wieder in Kontakt mit dem eigenen Körper zu treten, um eine ganzheitliche Seinserfahrung erleben zu können. Es geht dabei um das Wahrnehmen und das Akzeptieren dessen, was tatsächlich ist. Durch den Körper können wir aber auch feinere Bewusstseinszustände entdecken. Das heißt, mit und durch den Kontakt mit dem Körper ist es möglich, die Prinzipien des Lebens zu erfahren und zu verstehen.

Solche energetischen Körperübungen sind zum Beispiel:

- Qi Gong
- Yoga
- innere Stile der Kampfkunst (z. B. Taiji Chuan, Ba Gua Zhang)
- äußere Stile der Kampfkunst (z. B. WU LIN, Shaolin)

Alle energetischen Körperübungen wirken stärkend, ausgleichend und wohltuend auf Ihren Körper und Geist. Aber auch ein bewusster Spaziergang in der freien Natur am Morgen kann Ihre Energie bereits wieder zum Fließen bringen. Auch das Rollen bzw. das Massieren der Füße mit einem Holzstab oder das Barfußlaufen über einen Steinweg hat einen positiven Effekt auf Ihren Energiefluss und unterstützt das gesamte Leit- und Organsystem Ihres Körpers.

Sinnbildlich können Sie sich das Energiesystem in Ihrem Körper wie einen Gartenschlauch vorstellen. Ein Schlauch, der lange unbenutzt liegen bleibt, verknotet sich oder wird an einigen Stellen geknickt und gebogen. Wenn Sie nun Ihren Garten mit diesem Schlauch wässern möchten, strömt das Wasser verhalten und unregelmäßig aus dem Schlauch. Im ungünstigsten Fall fließt überhaupt kein Wasser mehr. Wenn Sie aber die Verkrustungen und Verknotungen im Schlauch lösen, sprudelt das Wasser wieder klar, gleichmäßig und mit voller Kraft.

Energetische Körperübungen helfen Ihnen dabei, die »Verknotungen«, die sich über Nacht gebildet haben, in Ihrem Körper zu lösen, damit Ihre Energie den ganzen Tag über frei fließen kann und Sie sich rundum zufrieden und wohlfühlen.
Es spielt keine Rolle, für welche Bewegungsmethode Sie sich schließlich entscheiden. Wichtig ist, dass Sie sich am Morgen bewegen. Auch hier gilt der Zen-Leitsatz: Denken Sie nicht darüber nach, tun Sie es. Buddha hat bereits vor 2 500 Jahren gesagt: »Das Geheimnis des außergewöhnlichen Menschen ist in den meisten Fällen nichts anderes als Konsequenz.«

Ein Schüler bat seinen Zen-Lehrer, ihm eine wichtige Lebensweisheit zu nennen. Der Meister sprach: »Es gibt Dinge, die getan werden müssen, und es gibt Dinge, die ungetan bleiben müssen. Das Aussortieren des Unwesentlichen ist der Kern aller Lebensweisheit.«

Energie bildet die Grundlage sämtlichen Lebens. Ein chinesisches Sprichwort sagt: »Die Menschen leben im Qi (Energie) wie die Fische im Wasser.« Diese Energie kann sich als Lebensessenz, als Strukturpotenzial in verdichteter oder in spiritueller (also in psychischer, geistiger) Form manifestieren. Der richtige Umgang mit dieser Energie ist entscheidend für das körperliche und geistige Wohlbefinden, für die Gesundheit und die Harmonie.

Zur Erinnerung!
Sinnvolle energetische Bewegung ist es dann, wenn:

- Sie sich nach den Übungen körperlich und geistig besser fühlen als zuvor.
- Sie mehr körperliche und geistige Energie zur Verfügung haben.
- sich Ihr physischer und psychischer Zustand verbessert.
- Sie sich mental stärker, belastbarer, ausgeglichener und ruhiger fühlen.
- Ihre Kreativität, Ihre Konzentrationsfähigkeit und Ihre Denkleistung zunehmen.
- sich Ihre Lebensfreude, Ihre Gelassenheit und Ihre Zufriedenheit steigern.
- Leistungsdenken und Erfolgsdruck fehlen.
- Ihr Körper, Ihr Geist und die Verbindung von beidem, Ihr Atem, in den Übungen berücksichtigt werden.
- sich Ihr gesamtes Wesen positiv und zum Wohle aller anderen weiterentwickelt.

Atme dich frei

Kontrolliere deine
Atmung,
und du kontrollierst
deinen Geist.

Sie haben Ihren Körper gereinigt und bewegt. Nehmen Sie sich nun einige Minuten Zeit, um sich auf Ihre Atmung zu konzentrieren. Die richtige, tiefe und bewusste Atmung entgiftet Ihren Körper, steigert Ihre Leistungsfähigkeit und beruhigt Ihren Geist.
Wir alle haben einen individuellen Atemrhythmus, der unsere psychische und physische Verfassung widerspiegelt. Normalerweise atmen wir unbewusst. Solange wir dies ohne Bewusstsein tun, haben wir keinen Einfluss auf die Art und Weise, wie wir atmen. Die bewusste Wahrnehmung des eigenen Atems hilft uns hingegen dabei, korrigierend einzugreifen. Das heißt, dass wir durch einfache Atemübungen unser inneres Gleichgewicht wiederherstellen können.

Eine Schülerin fragte ihre Zen-Meisterin: »Meisterin, was tust du, wenn du mit einem Unheil, mit etwas, was du nicht möchtest, konfrontiert wirst?« Die Meisterin öffnete ihre Arme, atmete tief ein, lächelte über das ganze Gesicht und gab zur Antwort: »So ist es!«

Atemtechniken sind in der Alltagspraxis des Zen sehr wichtig. Sie werden angewendet, um die bewusste Verbindung zur eigenen Energie herzustellen, und sie sollen dabei helfen, gesund und lang zu leben. Zudem bietet eine korrekte Atmung die perfekte Grundlage für die Schulung des Geistes. Den Zen-Meistern war klar, dass die Atmung die Brücke zwischen Körper und Geist ist. Wenn Sie Ihre Atmung kontrollieren, kontrollieren Sie auch Ihren Geist.

Die vier wichtigen Aspekte zur Atmung sind:

- Ihr Energiepotenzial bleibt auf einem konstant hohen Niveau, wenn Sie regelmäßig und tief durch die Nase einatmen und wieder durch die Nase ausatmen.
- Ihre Energie nimmt zu, wenn Sie über die Nase einatmen und durch den Mund ausatmen.
- Ihr Energiepotenzial bleibt auf einem tieferen Stand, wenn Sie durch den Mund einatmen und wieder durch den Mund ausatmen.
- Ihre Energie sinkt, wenn Sie durch den Mund einatmen und durch die Nase ausatmen.

Ich stelle Ihnen nachfolgend zehn einfache Atemtechniken vor, die entweder das Energieniveau in Ihrem Körper steigern oder Ihre Energie auf konstant hohem Niveau halten. Achten Sie bitte darauf, dass Sie in einem gut gelüfteten und nicht zu warmen Raum üben. Die Nasenspülung und alle Reinigungs- und Bewegungsrituale, die Sie bis jetzt durchgeführt haben, haben Sie und auch Ihre Nase perfekt auf diesen Moment vorbereitet!

Sie entscheiden, ob Sie am Boden auf einem Kissen oder auf einem Stuhl praktizieren möchten. Nehmen Sie eine aufrechte und stabile Sitzhaltung ein. Wenn Sie auf einem Stuhl üben, berührt Ihr Rücken die Lehne nicht. Ihre Füße stehen auf Schulterbreite parallel zueinander und fest auf dem Boden. Starten Sie jede Atemtechnik immer mit der Beobachtung Ihres Atems. Das heißt, dass Sie Ihren natürlichen, individuellen Atemrhythmus wahrnehmen, ohne dass Sie sofort in das Geschehen eingreifen. Verweilen Sie für ein paar Atemzüge oder einige Minuten in dieser Atembetrachtung. Sie werden feststellen, dass sich Ihre Atmung bereits positiv verändert.

Jetzt können Sie ganz nach Ihrem persönlichen Bedürfnis eine Atemtechnik auswählen. Üben Sie nie unter Zeitdruck. Alle Atemübungen sind immer auch eine Wahrnehmungsschulung, und dabei ist Geduld eine wichtige und unumgängliche Voraussetzung. Setzen Sie sich für Ihre Atempraxis kein Ziel, und bleiben Sie körperlich und geistig entspannt. Entwickeln Sie die Fähigkeit, Dinge einfach einmal geschehen zu lassen.

Beenden Sie jede Atemübung, indem Sie wieder für einige Atemzüge oder ein paar Minuten zur Atembeobachtung zurückkehren. Sie können mit einem Wecker üben oder aber die Praxis intuitiv beenden. Die Zeitangabe dient jeweils nur als Anhaltspunkt. Üben Sie zu Beginn lieber etwas kürzer, und dehnen Sie Ihr Atemtraining mit zunehmender Erfahrung langsam aus. Vereinzelt finden Sie keine Angabe zur Zeitdauer, sondern nur die Anzahl der Wiederholungen. Auch hier gilt, dass die qualitative Ausführung über der quantitativen Ausführung steht.

Alle Atemtechniken, die ich Ihnen vorstelle, beinhalten keine Atempausen. Das meint, dass Sie regelmäßig ein- und ausatmen, ohne den Atem anzuhalten. Achten Sie während der Praxis darauf, dass Ihr Gesicht entspannt bleibt. Bei den Übungen, bei denen Sie ausschließlich durch die Nase ein- und ausatmen, berührt Ihre Zunge sanft die Rückseite der oberen Schneidezähne.

Es ist ganz einfach!
Die korrekte Übungsabfolge für Ihr Atemtraining lautet:

- Atembeobachtung,
- die Atemtechnik, die Sie auswählen, ausführen
- und wieder Atembeobachtung.

禪

Atemverlängerung – Energie tanken I

Atmen Sie ausschließlich durch die Nase ein und aus. Versuchen Sie, Ihre Ein- und Ihre Ausatmung ganz bewusst zu verlängern. Üben Sie 5 bis 10 Minuten lang.

Atemverlängerung – Energie tanken II

Atmen Sie ausschließlich durch die Nase ein und aus. Versuchen Sie, nur Ihre Ausatmung ganz bewusst zu verlängern. Praktizieren Sie 5 bis 10 Minuten lang.

Entgiftungsatmung

Atmen Sie bewusst durch die Nase ein. Atmen Sie mit einem scharfen S-Laut durch den Mund aus. Wiederholen Sie die Atemübung 3 bis 10 Mal.

Wohlfühlatmung

Atmen Sie ausschließlich durch die Nase ein und aus. Verbinden Sie die Einatmung mit dem Wort »Ruhe« und die Ausatmung mit einem »Lächeln«. Üben Sie 5 bis 10 Minuten lang.

Klarheit im Geist

Atmen Sie ausschließlich durch die Nase ein und aus. Beobachten Sie aufmerksam Ihre Ein- und Ausatmung. Verweilen Sie 5 bis 10 Minuten.

Stille im Geist

Atmen Sie ausschließlich durch die Nase ein und aus. Beobachten Sie den Fluss Ihrer Atmung. Verweilen Sie 5 bis 10 Minuten.

Langes-Leben-Atmung (3-fache Atmung)

Atmen Sie ausschließlich durch die Nase ein und aus. Atmen Sie 1/3 Ihrer Atemkapazität in den Bauch. Atmen Sie das nächste Drittel in Ihre seitlichen Rippen und Ihren unteren Rücken, also die Nierengegend. Atmen Sie das letzte Drittel in Ihren Brustbereich und den oberen Rücken, ohne dabei die Schultern anzuheben. Atmen Sie entspannt von oben nach unten aus, ohne dass Sie mit dem Oberkörper nach vorn kippen oder im Brust- und Schulterbereich einsinken. Üben Sie 5 bis 10 Minuten lang.

Jetzt stelle ich Ihnen noch drei Atemtechniken vor, die alle eine Atempause beinhalten. Ich erinnere Sie nochmals daran, dass Sie Ihren Körper und Ihren Geist während des Übens nicht überfordern. Tasten Sie sich langsam an diese fortgeschrittenen Atemmethoden heran. Vergewissern Sie sich, dass Sie mit den einfacheren Übungen vertraut sind, und beachten Sie die gleichen Prinzipien zu Körperhaltung und Übungsabfolge.

Achten Sie darauf, dass Sie immer den gleichen Takt beziehungsweise den selben Rhythmus beim Zählen beibehalten. Das bedeutet, dass Sie nicht schneller oder langsamer werden. Sie kennen bestimmt den Taktgeber aus der Musik, das Metronom. Machen Sie es ihm gleich.

7-2-7-2-Atmung (beruhigende Atmung)

Atmen Sie ausschließlich durch die Nase ein und aus. Atmen Sie ein, und zählen Sie gleichzeitig gedanklich bis 7. Machen Sie eine Atempause, und zählen Sie gedanklich bis 2. Atmen Sie aus, und zählen Sie gleichzeitig gedanklich bis 7. Machen Sie eine Atempause, und zählen Sie gedanklich bis 2. Wiederholen Sie einen Zyklus (7-2-7-2) mindestens 7 Mal.

6-3-6-3-Atmung (aktivierende Atmung)

Atmen Sie ausschließlich durch die Nase ein und aus. Atmen Sie ein, und zählen Sie gleichzeitig gedanklich bis 6. Machen Sie eine Atempause, und zählen Sie gedanklich bis 3. Atmen Sie aus, und zählen Sie gleichzeitig gedanklich bis 6. Machen Sie eine Atempause, und zählen Sie gedanklich bis 3. Wiederholen Sie einen Zyklus (6-3-6-3) mindestens 6 Mal.

Heilende Atmung (Basis: 1-4-2)

Atmen Sie ausschließlich durch die Nase ein und aus. Atmen Sie ein, und zählen Sie gleichzeitig gedanklich bis 1. Machen Sie eine Atempause, und zählen Sie gedanklich bis 4. Atmen Sie aus, und zählen Sie gleichzeitig gedanklich bis 2. Wiederholen Sie einen Zyklus (1-4-2) mindestens 8 Mal.

Mit zunehmender Übung und Sicherheit können Sie diese Atemtechnik ausbauen beziehungsweise vertiefen, indem Sie die jeweilige Zahl verdoppeln.

Für Fortgeschrittene I: Ein = 2 ··· Halten = 8 ··· Aus = 4

Für Fortgeschrittene II: Ein = 4 ··· Halten = 16 ··· Aus = 8

Vier Meister des Zen üben sich im Zazen, der stillen, bewegungslosen Meditation im Sitzen.

Nach drei Stunden räuspert sich ein Meister.
Zwei Stunden später bewegt ein anderer Meister einen Nasenflügel.
Nach weiteren vier Stunden schluckt der dritte Meister.
Plötzlich steht der vierte Meister auf, verlässt den Meditationsraum und äußert sich ganz empört: »Bei dieser Hektik ist es unmöglich, in Ruhe zu sitzen und zu meditieren.«

Nachdem Sie Ihren Körper nun mit kraftvoller, heilender und gesunder Energie versorgt haben, sind Sie jetzt optimal darauf vorbereitet, in Gelassenheit und Ruhe zu meditieren. Freuen Sie sich auf das nächste Kapitel »Poliere deinen Geist«.

Poliere deinen Geist

Meditation
rückt den
Geist zurecht.

Die Energie der Morgenstunden eignet sich hervorragend für die spirituelle Praxis. Das Magnetfeld der Erde ist zu dieser Zeit rein und kräftig, und auch das menschliche Energiesystem ist am frühen Morgen sehr frisch und aufnahmefähig. Sie sollten diese Phase des Tages also nicht nur für Körperübungen und Atemtechniken, sondern auch für die geistige Schulung nutzen.

Meditieren ist immer noch besser
als herumsitzen und nichts tun!

Meditation ist die Hygiene des Geistes und gehört zu Ihrem Alltag wie Essen, Trinken, Schlafen und Duschen. Ich behaupte, dass eine tägliche Meditation genauso wichtig ist wie das Zähneputzen! Zu Beginn ist Meditieren eine Übung. Mit zunehmender Praxis wird es zu einer geistigen Haltung, die sich ganz konkret im Alltag zeigt und sich auf Ihr Denken, Ihr Fühlen und auf Ihre Handlungen überträgt.

Sie werden emotional stabiler und gewinnen an Sicherheit. Dadurch werden Sie offener und klarer. Ihr Energieverlust wird geringer, weil Sie weniger vergleichen und bewerten, und Sie empfangen das Glück im Augenblick besser. Meditation hilft Ihnen, sich von der permanenten Reizüberflutung zu lösen und den Moment so wahrzunehmen, wie er ist. Körper und Geist profitieren von dem regelmäßigen Rückzug in die Stille.

Denn es ist vor allem das, was im Kopf geschieht, was sich negativ und schwächend auf Ihren Körper auswirkt. Sorgen, Kummer, Ängste, Unsicherheit, Zweifel, Probleme, Stress, Ärger, Unzufriedenheit usw. beeinträchtigen unsere Wahrnehmung und unsere Empfindungen. Solche lang anhaltenden oder immer wiederkehrenden Gefühle lassen Ihren Körper krank werden und frühzeitig altern. Durch die Meditation verändert sich Ihre Körperwahrnehmung positiv, und Sie achten automatisch stärker auf Ihre Bedürfnisse. Diese Wechselwirkung macht das Meditieren so kostbar. Sie erkennen, dass Ihr Körper und Ihr Geist eine untrennbare Einheit bilden und dass Meditation für ein erfülltes, wahres Leben unverzichtbar ist!

Die meditative Praxis des Zen ist Zazen. »Za« heißt »sitzen«. »Zen« bedeutet »gesammelte Achtsamkeit«. Mit Zazen beruhigen und stabilisieren Sie Ihren Körper, Ihre Atmung und Ihren Geist. Zazen, das Sitzen in Stille, ist eine wunderbare Form, die eigenen Gedanken zu beobachten. Beobachten meint weder beschreiben, bewerten, interpretieren, benennen noch vergleichen, sondern einfach nur wahrnehmen. Wahrnehmen und akzeptieren, was ist, das ist die große Weisheit des Lebens. Lesen Sie dazu folgende Geschichte:

Es war einmal ein Zen-Schüler, der in den Bergen saß und meditierte. Nach einigen Jahren kam ein Meister vorbei und sprach zu ihm: »Was tust du da?« – »Ich versuche, über den Berg zu meditieren, aber es gelingt mir nicht. Zu viel Nebel raubt mir die Sicht«, erwiderte der Schüler. Der Meister lachte und verschwand. Einige Jahre später erschien der Meister erneut und stellte dem Schüler dieselbe Frage: »Was tust du da?« Der Schüler antwortete: »Ich meditiere über den Nebel.«

Nach dieser Antwort verneigte sich der Meister vor dem Schüler und sprach: »Du bist mein Lehrer!«

Zazen ist nichts Religiöses, Mystisches, Okkultes, Heiliges oder Esoterisches. Ganz im Gegenteil, die Kunst der stillen Meditation bringt Sie wieder mit sich selbst in Kontakt. Sie ist die natürlichste Sache der Welt! Es geht in erster Linie darum, die Freiheit zu entwickeln, die jedem Geist innewohnt, auch Ihrem. Es ist die Erfahrung und die Erkenntnis, dass sich Erleuchtung in uns allen verbirgt. Und das bedeutet, dass Sie die Neutralität aller Dinge erkennen, damit Sie Unzufriedenheit, Unbehagen, einen ruhelosen Geist sowie negative Gefühle, Gedanken und Erinnerungen überwinden können.
Um das zu erreichen, ist es wichtig, dass Sie regelmäßig, am besten täglich und immer zur selben Zeit, für 15 bis 30 Minuten meditieren. Ein wiederkehrender Rhythmus ist zu Beginn der Praxis nötig. Er hilft Ihrem Unterbewusstsein, sich schneller an den neuen Ablauf zu gewöhnen. Zudem erschaffen Sie sich auf diese Weise ganz bewusst einen Kraftort, wenn Sie immer am gleichen Ort meditieren, und einen Kraftpunkt, wenn Sie sich immer zur selben Zeit in die Stille zurückziehen.

Ich führe Sie nachfolgend in die Sitzungszeit ein. Die Sitzungszeit ist die Zeit, in der der Zen-Praktizierende meditiert. Dabei beachten wir drei wesentliche Punkte: die Haltung, die Atmung und den Geist (die Gedanken). Zuerst schauen wir uns aber ein paar kleine Hinweise und Tipps zur Vorbereitung an.

禪

Vorbereitung

Suchen Sie für Ihre Meditation einen Ort auf, der ruhig und nicht zu kalt oder zu warm ist. Tragen Sie bequeme Kleidung. Achten Sie darauf, dass Sie während der Meditationszeit ungestört sind. Schalten Sie mögliche Störquellen wie Ihr Handy aus. Wenn noch weitere Menschen in Ihrem Haushalt leben, dann hängen Sie ein kleines Schild mit der Aufschrift »Bitte nicht stören, ich meditiere!« an die Tür.

Richten Sie Ihren Meditationsplatz so ein, dass Sie sich wohlfühlen. Wenn Sie mögen, können Sie eine Kerze anzünden, etwas dezentes Räucherwerk abbrennen lassen oder frische Blumen bzw. ein Bild aufstellen. Verzichten Sie auf Musik. Halten Sie einen kleinen Wecker bereit, der das Ende der Sitzungszeit einläutet, damit Sie sich ganz auf die Meditation einlassen können, ohne andauernd auf die Uhr schauen zu müssen.
Je nach Ihrer körperlichen Konstitution sitzen Sie auf einem Stuhl, auf einem Kissen oder auf einer Meditationsbank am Boden. Sie können auch im Stehen meditieren. Vermeiden Sie es aber, im Liegen zu meditieren. Körper und Geist könnten diese Haltung missverstehen: Sie schlafen ein, träumen oder dösen vor sich hin.

Haltung

Ihre Körperhaltung ist aufrecht und stabil. Es besteht ein harmonisches Gleichgewicht zwischen Entspannung und Anspannung. Sitzen Sie so, dass Sie keine körperlichen Schmerzen empfinden. Bewegen Sie sich nicht, und achten Sie darauf, dass Ihre Knie den Boden berühren, wenn Sie auf einem Kissen oder einer Meditationsbank sitzen. Sie können auch ein kleines Stützkissen oder eine zusammengerollte Decke unter ein oder beide Knie legen. Ihre Füße befinden sich auf Hüftbreite und sind flach auf dem Boden platziert, wenn Sie auf einem Stuhl meditieren. Ihr Becken ist leicht nach vorn gekippt. So entlasten Sie Ihren unteren Rücken. Lassen Sie Ihren Bauch entspannt.
Halten Sie Ihren Kopf gerade, und das Kinn ist leicht nach hinten gezogen. Dadurch wird auch Ihre Halswirbelsäule lang. Die Nase steht in einer vertikalen Linie über dem Bauchnabel. Ober- und Unterkiefer liegen entweder ganz entspannt aufeinander oder halten leichten Abstand zueinander. Die Zungenspitze berührt sanft den Gaumen oder die Rückseite der oberen Schneidezähne. Ihr Kehlkopf ist locker, und Ihre Gesichtsmuskulatur ist gelöst. Die Augen sind entweder geschlossen oder leicht geöffnet. Wenn Sie die Augen halb offen halten, schauen Sie, ohne wirklich etwas zu sehen. Zu Beginn Ihrer Praxis ist es einfacher, die Augen geschlossen zu halten.

Die Schultern sind natürlich entspannt, d. h. sie fallen nicht nach vorn, sondern sind leicht zurückgezogen. Ihre Hände liegen in Ihrem Schoß und berühren den Unterbauch. Legen Sie die linke Handfläche in die rechte. Die Daumen berühren sich leicht und bilden mit den Fingern eine offene ovale Form. Die Handflächen zeigen nach oben.

Atmung

Ihre Atmung ist natürlich, kraftvoll und langsam. Grundsätzlich konzentriert man sich während Zazen nur auf die Ausatmung. Die Einatmung geschieht von ganz allein. Zu Beginn der Meditationssitzung ist es hilfreich, wenn Sie sich auf Ihren Atem konzentrieren. Die Zen-Praxis unterscheidet dabei zwischen zwei Möglichkeiten, wie Sie Ihre Atmung als wertvolles Hilfsmittel einsetzen können, gerade wenn Sie z. B. körperlich oder geistig sehr unruhig sind.

Variante: Den Atem zählen

Zählen Sie Ihre Atemzüge, und zwar immer beim Ausatmen. Das bedeutet, dass Sie einatmen, ausatmen und gedanklich 1 sagen. Einatmen, ausatmen, 2 ..., bis Sie die Zahl 10 erreicht haben. Dann beginnen Sie wieder von vorn, also bei 1.
Sollten Sie gedanklich sehr aktiv sein, können Sie auch Ihre Ein- und Ihre Ausatmung zählen. Das bedeutet, dass Sie einatmen, 1, ausatmen, 2, einatmen, 3, ausatmen, 4 ..., bis Sie wieder bei 10 angelangt sind. Dann beginnen Sie wieder bei 1.

Variante: Den Atem beobachten

Lenken Sie Ihre Achtsamkeit auf den Bauch, und verfolgen Sie Ihre Atmung. Spüren Sie, wie sich Ihre untere Bauchdecke beim Einatmen sanft nach außen wölbt und beim Ausatmen wieder senkt.
Wenn Ihnen die Konzentration auf die Bauchatmung schwerfällt, dann lenken Sie Ihre Wahrnehmung auf die Nasenflügel. Spüren Sie, wie bei

der Einatmung kühlere Luft in die Nase strömt und beim Ausatmen die wärmere Luft Ihren Körper durch die Nase wieder verlässt.

Beunruhigen Sie sich nicht, wenn Sie die gesamte Meditationszeit mit der Achtsamkeit auf Ihre Atmung verbringen. Die Atmung ist Ihr wichtigstes Instrument und verbindet Ihren Körper mit Ihrem Geist. Mit zunehmender Übung wird die Konzentration auf die Atmung immer kürzer werden. Lassen Sie sich Zeit. Es ist alles gut, genau so, wie es ist!

Geist

Der Geist ist der Pfeil, der im gespannten Bogen, dem Körper, liegt. Der Geist ist wach und aufmerksam. Es ist nicht ganz einfach, das Gleichgewicht zwischen unruhig, aufgedreht und abgelenkt sowie schläfrig, matt und verträumt zu finden. Bewusste Wahrnehmung für den Moment ist das Ziel, d. h., Achtsamkeit für die unmittelbare Gegenwart wird im Zazen angestrebt.

Lassen Sie Bilder und Gedanken wie Wolken am Himmel vorbeiziehen. Bewerten Sie sie nicht. Identifizieren Sie sich auch nicht mit Ihren Gefühlen und Empfindungen. Versuchen Sie, zu erkennen, dass alles weder für immer bleibt noch eine eigenständige Natur besitzt. Alles ist im Fluss und somit auch einer stetigen Wandlung unterworfen.

Eines der größten Missverständnisse ist, dass viele Menschen glauben, dass Sie während Zazen nicht denken dürfen. Manche vertreten sogar die Ansicht, dass Sie Ihre Gedanken und Ihre Gefühle unterdrücken müssen. Genau das Gegenteil ist der Fall! Lassen Sie alles zu, aber haften Sie nicht daran. Schenken Sie Ihren Gedanken und Empfindungen keine Energie. Nähren Sie sie nicht. Nehmen Sie einfach nur wahr. Seien Sie ein stiller Beobachter. Nicht denken zu wollen, ist genauso unsinnig, wie dem Meer zu befehlen, keine Wellen mehr hervorzubringen!

Die Zen-Meister betonen: Die korrekte, richtige Haltung bringt eine korrekte, richtige Atmung hervor. Die korrekte, richtige Atmung bringt einen korrekten, richtigen Geist hervor! Das meint, die Fähigkeit zu entwickeln, die Einheit aller Dinge zu erkennen. Das gelingt nur, wenn Sie nicht anhaften, nicht verweilen, nicht unterscheiden und nicht bewerten. Es ist die totale Bedingungslosigkeit. Es die Akzeptanz für das, was jetzt ist! Das ist Zen.

Es ist ganz einfach: Von heute an sitzen Sie jeden Morgen zwischen 10 und 30 Minuten lang in stiller Sitzhaltung. Es gibt nichts zu erreichen. Kein Ziel, einfach »nur« sitzen!

Ein Schüler beklagte sich bei seinem Zen-Meister, dass er das Gefühl habe, dass ihm der Meister etwas vorenthalte, was ihn zur Erleuchtung bringen könnte. »Ich glaube, Meister, dass du mir einen entscheidenden Hinweis auf meinem Weg zur absoluten Erkenntnis vorenthältst.« Der Meister verneinte diese Anschuldigung. Am Abend gingen die beiden in den Bergen spazieren, als der Meister stehen blieb und zu seinem Schüler sprach: »Riechst du den Duft des Berglorbeers?« Der Schüler bejahte. Darauf erwiderte der Meister: »Siehst du, ich enthalte dir nichts vor!«

Nachdem Sie sich bewegt, bewusst geatmet und meditiert haben, dürfen Sie sich jetzt auf das Frühstück freuen!

Buddhas Reissuppe

Essen ist Nahrung
für Körper
und Geist.

Essen im Geist des Zen bedeutet, dass Nahrung sowohl Ihren Körper als auch Ihren Geist stärkt. Gesunde Lebensmittel, sorgfältig zubereitet und achtsam gegessen, schenken Ihnen Ausgeglichenheit, Wohlbefinden, Gesundheit und Energie.
Ich bin der Überzeugung, dass das Frühstück die wichtigste Mahlzeit des Tages ist. Im Zen-Kloster habe ich mich immer sehr auf das Frühstück gefreut. Es war gesund, ausgewogen, reichhaltig und warm und lieferte Energie für den ganzen Tag. In China und Taiwan legt man ganz allgemein besonderen Wert auf ein warmes Frühstück, denn warmes Essen stärkt die innere Mitte sowie die Verdauung und schenkt körperliche und geistige Kraft.

Achtsamkeit und Bewusstheit im Umgang mit dem Thema Essen bedeutet im Zen:

- im rechten Maß essen.
- die rechten Nahrungsmittel zu sich nehmen.
- zur rechten Zeit speisen.

- in der rechten Umgebung essen.
- mit den rechten Menschen zusammen sein.
- mit der rechten Geisteshaltung speisen.

In den Zen-Tempeln und Zen-Klöstern wird traditionell gemeinsam in der Gruppe ein kleiner Text vor dem Essen rezitiert. Dies ist ein sehr schönes Ritual, das auf das nachfolgende Essen einstimmt und die Achtsamkeit, das Bewusstsein und die Dankbarkeit schult. Gern stelle ich Ihnen die fünf Betrachtungen vor.

Die fünf Betrachtungen zum Essen

Mögen wir diese Nahrung als Geschenk des ganzen
Universums empfangen und erkennen, woher sie kommt
und wie viel Mühe damit verbunden ist.

Mögen wir dieses Geschenk in Dankbarkeit und
Achtsamkeit annehmen und maßvoll und achtsam essen.

Mögen wir nur die Nahrung zu uns nehmen, die uns
als gute Medizin dient und die Gesundheit von Körper
und Geist fördert.

Mögen wir Gier, Wut und Unwissenheit in Weisheit
und Mitgefühl umwandeln, indem wir das Leiden verringern und
uns vom Unheilsamen fernhalten.

Mögen wir durch diese Nahrung die Kraft und
die Geduld stärken, um den Weg des Heilsamen
zu praktizieren, der uns zum absoluten Verstehen führt
und alle Wesen befreit.

Die Ernährungslehren sind so vielfältig wie die Menschen, die sie lehren. Ich möchte Ihnen keine neue Lehre vermitteln, sondern Ihnen ein paar einfache Tipps mit auf den Weg geben. Damit Sie möglichst viel wertvolle Energie aus Ihrer Nahrung schöpfen können, reduzieren Sie den Verzehr oder verzichten Sie wenn möglich auf:

- denaturierte Nahrungsmittel
- Fertigprodukte
- raffinierten Zucker
- kalte und kohlensäurehaltige Getränke
- zu viel Rohkost
- zu viel Nahrung auf einmal
- zu spätes Essen am Abend
- zu viel Salz
- zu viel Fleisch und Fisch
- zu viel Alkohol

Ihre Nahrung sollte frisch, ausgewogen, natürlich, abwechslungsreich, saisonal, gesund, einfach und nahrhaft sein. Lösen Sie sich von dem Gedanken, dass das Essen Sie nur geschmacklich befriedigen soll. Essen soll unbedingt auch Ihren Körper und Ihren Geist nähren. Deshalb ist es wichtig, dass Sie bewusst, langsam und achtsam essen. Stellen Sie sich immer wieder einmal nach dem Essen die Frage: Wie fühle ich mich? Bin ich satt, wach, klar, gekräftigt und energiegeladen? Oder hungrig, müde, schwach, energielos und schwer?

In China und Taiwan ist es üblich, dass man zum Frühstück »Shifan«, eine Wasser-Reis-Suppe, mit kleinen pikanten oder süßen Zutaten genießt. Man sagt dieser Suppe stärkende, entschlackende, entgiftende und reinigende Eigenschaften nach. Die Reissuppe soll bei regelmäßigem Verzehr zudem eine Linderung von Magen- und Darmbeschwerden, Allergien und Steifheit in den Muskeln und Gelenken bewirken. Gerade als Frühstück eignet sich diese Suppe sehr, weil sie den Organismus nicht überlastet, äußerst nahrhaft und sehr gut verdaulich ist. Zudem stärken und aktivieren lange gekochte Suppen aus Reis die innere Mitte und das Immunsystem.

Ganz allgemein gelten Reis-, Getreide- und Gemüsesuppen als Heilmittel und wichtige Energiespender. Das lange und schonende Köcheln der Suppen wird als sehr wichtig erachtet, weil die Zutaten dadurch eine Transformation von Substanz in Energie erfahren. Schon unsere Großmütter kochten bei Krankheit und Energiemangel eine stärkende und aufbauende Kraftbrühe. Reissuppen sind in Asien eine uralte Medizin, und man findet bereits in frühen buddhistischen Schriften viele Lobpreisungen über ihre Heilkraft.
Buddha soll über die Suppe Folgendes gesagt haben: »Die Reissuppe schenkt zehn Dinge: Leben und Schönheit, Leichtigkeit und Kraft, sie vertreibt Hunger, Durst und Wind, sie reinigt die Blase und die Niere und fördert die Verdauung.« Die mit Milch und Honig verfeinerte Suppe soll Buddha als gesündeste Nahrung gelobt haben.

Ob man sie nun süß oder salzig genießt, kommt auf die persönliche Vorliebe und die individuelle Konstitution an. Die meisten Verkäufer in China und Taiwan bieten neben der fast geschmacksneutralen Reissuppe viele kleine Köstlichkeiten an. So werden etwa Eier, Ingwer, Zwiebeln, Erdnüsse, Sojabohnen, sauer eingelegtes Gemüse, Tofu, fein gehackter Fisch oder Fleisch zur Suppe gereicht.

Gerade zum Frühstück ist es wichtig, den Körper mit ausreichend sättigenden und stärkenden Nährstoffen zu versorgen, die den Organismus aber nicht belasten und so die nötige Energie für den Tag liefern.
Reissuppe wird ganz einfach zubereitet. Man kann sie aus einer Vielzahl von Reissorten kochen, die geschmacklich sehr verschieden sind. Weitere Zutaten können nach Belieben oder ihrer Wirkung entsprechend dazugegeben werden. So nährt zum Beispiel Honig das Herz, beruhigt den Geist und macht die Därme gleitfähiger. Walnüsse fördern die Ur-Energie. Ingwer wärmt und fördert die Zirkulation von Qi und Blut.

Grundrezept

Sie brauchen lediglich Reis und Wasser in einem Verhältnis von etwa 1:6, und dann kochen Sie beides. Die Menge des Wassers bestimmt die Dicke des Breis bzw. der Suppe. Nehmen Sie nicht zu viel Reis, weil er sehr stark aufquillt. Geben Sie den Reis in einen Topf mit guter Isolierung und einem schweren Deckel. Wichtig ist es, den Reis nach kurzem Aufkochen nur auf kleinster Flamme, dafür aber 2 bis 4 Stunden köcheln zu lassen. Auf diese Weise brennt er nicht an. Je länger die Reissuppe kocht, desto mehr stärkt sie das Qi und das Blut. Wenn Sie die Reissuppe zum Frühstück essen möchten, können Sie die Suppe auch am Abend aufsetzen.

Buddhas Reissuppe

Für dieses Rezept brauchen Sie Reis, Wasser, frische Milch, Butter oder Ghee (geklärte Butter) und Honig. Bereiten Sie die Reissuppe nach dem Grundrezept zu. Geben Sie die Menge, die Sie für ein Frühstück benötigen, in einen separaten Topf, und erhitzen Sie alles mit etwas Wasser. Zum Schluss kommen die Zutaten Milch, Butter oder Ghee und Honig dazu. Schmecken Sie alles ab.

Dieses einfache Rezept soll Ihnen lediglich als Idee und als eine kleine Starthilfe dienen. Sie werden erstaunt sein, wie viele tolle Rezepte Sie finden werden, wenn Sie sich umhören und sich mit anderen Menschen austauschen!

Ein warmes Frühstück ist wichtig, weil es:

- Ihnen ganz viel Energie liefert.
- gut für Ihre Verdauung ist.
- Sie für den ganzen Tag fit und leistungsfähig macht.
- Ihr Immunsystem stärkt.
- Ihr geistiges und körperliches Wohlbefinden fördert.
- Ihr Gewicht reguliert.

Im Geiste des Zen zu essen bedeutet, möglichst keine Lebensmittel wegzuwerfen und auf ökologischen Anbau und Transport der Nahrungsmittel zu achten. Es heißt aber auch, großzügig zu sein, das Essen mit anderen Menschen zu teilen und achtsam zu essen. Nehmen Sie Ihre Nahrung also nicht ein, während Sie fernsehen, lesen, telefonieren, gehen oder arbeiten.

Ein wichtiger Grundsatz auf dem Zen-Weg lautet: Weniger ist mehr. Diese Maxime gilt selbstverständlich auch beim Essen. Nehmen Sie lieber weniger Kalorien als zu viele Kalorien zu sich. Konkret bedeutet das: Achten Sie darauf, dass 1/4 Ihres Magens nach einer Mahlzeit frei bleibt. Es gibt noch strengere buddhistische Traditionen, die nur für die Füllung des Magens bis zur Hälfte plädieren. Auch neueste wissenschaftliche Studien zur Altersforschung sehen interessanterweise eine Verbindung zwischen reduzierter Kalorienzufuhr und einem längeren und gesünderen Leben!

Ein Zen-Meister und ein Mann sitzen in einem Restaurant und essen Erbsensuppe. Der Mann möchte von dem Meister etwas über Zen wissen. Der Meister bittet ihn, die Erbsensuppe ganz genau zu betrachten. »Komm näher, noch etwas näher«, spricht der Meister. Als der Mann mit seiner Nase die Suppe schon fast berührt, schlägt der Meister mit dem Löffel in den Teller. Das Gesicht und das Hemd mit Suppe bekleckert, verlässt der Mann verärgert das Restaurant. Der Zen-Meister bemerkte darauf: »Das ist schade, gerade jetzt, wo er der Wahrheit so nah war.«

Von A nach B

Ob Sie nun nach dem Frühstück einer geregelten Arbeit außer Haus nachgehen, einkaufen fahren, einen Arztbesuch machen, die Kinder zur Schule bringen oder von einem Zimmer zum anderen gehen, Sie legen immer eine bestimmte Strecke zurück. Dabei spielt es keine Rolle, ob Sie mit dem Auto, dem Fahrrad, zu Fuß oder mit den öffentlichen Verkehrsmitteln unterwegs sind. Wenn Sie von A nach B kommen wollen, dann ist der Weg das Ziel.

Viele Menschen erachten die Zeit, die sie zum Beispiel im Flugzeug, im Auto oder in der Bahn verbringen, als Verschwendung. Zen ist aber im Grundsatz immer nur Praxis, und Erleuchtung kann somit überall geschehen. Das Erleben von Zufriedenheit, Glück, universeller Freiheit, die Aufhebung des Gegensatzes von Subjekt und Objekt, die Verwirklichung der wahren Natur, all das ist nicht an einen speziellen Ort oder an eine bestimmte Zeit gebunden. Die äußeren Faktoren spielen dabei keine Rolle. Diese besondere Haltung ist es, die Zen so stark mit dem Leben verbindet. Was wirklich zählt, ist einzig und allein Ihre innere, Ihre geistige Haltung.

Ein Zen-Sprichwort lautet: »Dein alltäglicher Weg ist der wahre Weg.« Wenn wir wirklich gegenwärtig und bewusst leben, verschwindet die Angst, etwas zu verpassen oder am falschen Ort zur falschen Zeit zu sein. Wir leben inmitten der Welt und sind doch frei von ihr.

Wenn wir aber das Gefühl haben, dass die Ferien erst mit dem Blick auf das Meer beginnen, dann ist die Reise tatsächlich Arbeit, mühsam, anstrengend, d. h., sie ist nur Mittel zum Zweck! Jede Verspätung wird dann zur Qual, alles Unvorhergesehene raubt uns unsere wertvolle und wohlverdiente Urlaubszeit und unsere Energie. Wenn wir aber in der Lage sind, bereits mit dem Abheben des Flugzeuges alles hinter uns zu lassen, beginnen die Ferien in genau dem Augenblick.

Eine Zen-Schülerin erkundigt sich bei der Meisterin: »Muss ich mich erst verlaufen, damit ich mein Ziel finden kann?« Die Meisterin entgegnet darauf: »Seit ich kein Ziel mehr habe, verlaufe ich mich auch nicht mehr!«

Immer wenn unser Körper und unser Geist keine Einheit bilden, entsteht das Gefühl, dass uns die Zeit davonläuft. Wenn wir an einem anderen Ort sein möchten als an dem Ort, an dem wir gerade sind, wenn wir etwas anders machen möchten als das, was wir gerade tun, dann steigen in uns unweigerlich Gefühle wie Unruhe, Stress, Ärger und Unzufriedenheit auf.
Diese Empfindungen können wir nur umgehen, wenn wir bereit sind, die Lebenssituationen so anzunehmen, wie sie sind. Das setzt die Erkenntnis voraus, dass wir nie an einem anderen Ort in der Zeit sein können, als dort, wo wir uns im Moment befinden. Das klingt sehr logisch und einfach, und trotzdem sind wir oft genervt, wenn wir im Stau stehen, der Bus Verspätung hat, wir einen Umweg gehen müssen, am Telefon in der Warteschlange landen oder im Supermarkt an der Kasse anstehen müssen.

Wenn es Ihnen aber gelingt, Ihren Körper und Ihren Geist auf den gegenwärtigen Augenblick zu fokussieren, wenn Sie Gedanken an Vergangenes und Zukünftiges loslassen können, dann sind Sie bereits überall angekommen. Aus dieser inneren Haltung heraus entstehen automatisch Ruhe, Gelassenheit und Akzeptanz für das, was ist. Jetzt ist der Weg tatsächlich das Ziel!

»Was ist der Weg?«, wollte eine Schülerin von ihrer Zen-Meisterin wissen. »Das Gehen!«, gab diese zur Antwort.

Eine Schülerin fragte ihre Zen-Meisterin: »Ist die Vergangenheit, die Gegenwart oder die Zukunft wichtiger?«

Die Meisterin stand auf, verpasste der Schülerin eine Ohrfeige und gab zur Antwort: »Was war schlimmer? Als ich aufstand und meine Hand hob, der Schmerz oder die Erinnerung daran?« Die Schülerin ging, ohne ein Wort zu sagen. Darauf erwiderte die Meisterin: »Aua!«

Ein Tag ohne Arbeit, ein Tag ohne Essen

Teilen ist Gewinn an Menschlichkeit.

Der chinesische Chan-Meister Baizhang Huaihai verfasste im 8. Jahrhundert n. Chr. verschiedene Regeln zum Klosterleben. Eine davon lautete: Ein Tag ohne Arbeit, ein Tag ohne Essen. Im Gegensatz zu den meisten anderen buddhistischen Strömungen und Traditionen waren und sind Nonnen und Mönche des Zen täglich mit körperlicher Arbeit beschäftigt. Nebenbei möchte ich hier erwähnen, dass bereits damals Laien und Frauen als Meister und Meisterinnen wirken konnten.

Die Zen-Gemeinschaft freut sich auf den Besuch ihres Meisters und ist seit Tagen damit beschäftigt, das Kloster zu putzen und alle nötigen Vorkehrungen für den Gast zu treffen. Ganz unerwartet reist der Meister früher an. Er nimmt einen Besen und reinigt den Hof vor dem Kloster. Die Schüler bemerken den Meister und sprechen ihn ganz entsetzt an: »Meister! Was machen Sie denn da?« Der Meister antwortet lächelnd: »Ich bereite alles für meine Ankunft vor.«

Diese Einstellung verhalf den Praktizierenden auf dem Zen-Weg zu Unabhängigkeit. Sie können sich von jeher selbst versorgen und so ein authentisches, selbstbestimmtes Leben führen. Die Arbeit im Zen wird als »Samu« bezeichnet. Samu kann jede Tätigkeit sein, die im Sinn des Zen-Geistes ausgeführt wird, z. B. die Toilette putzen, kochen, Unkraut entfernen, Tee zubereiten, Geschirr spülen, Schüler unterrichten, schreiben, die Post zustellen, ein Seminar geben, Taxi fahren oder einen Konzern leiten.

Samu ist im Normalfall in den Klöstern leichter und einfacher zu praktizieren, denn alle arbeiten jeweils zur selben Zeit. Während Samu wird üblicherweise nicht gesprochen. Die Stimmung ist achtsam und konzentriert, aber trotzdem lebendig, frisch und natürlich. Jeder verrichtet seine Arbeit mit bestem Wissen und Gewissen. Die Absicht hinter der Handlung zählt, und alle sind stets bemüht, ihr Bestes zu geben, egal, wie alt oder wie begabt sie sind.

Im Umfeld der Laienpraktizierenden ist das nicht immer ganz so einfach. Das Tempo und die Anforderungen im Alltag sind meist um einiges höher als im Kloster. Wir benötigen unsere Sprache und verschiedene andere Kommunikationsmittel und Wege, um auf dem Laufenden zu sein, komplexe Zusammenhänge verstehen und Terminvorgaben einhalten zu können. Meist herrscht in unserem Arbeitsumfeld ein Verdrängungs- und Machtkampf, und wir können nur wenig oder fast gar nicht auf die Mithilfe oder auf die Rücksicht unserer Mitmenschen zählen.

Samu kann als Zazen bei der Arbeit verstanden werden. Dabei geht es vor allem um die geistige Einstellung des Arbeitenden. Das meint, dass Sie sich nicht von allem und jedem ablenken lassen und sich voll und ganz auf Ihre Handlung konzentrieren. Absolutes Gewahrsein für den Moment ist entscheidend. Es ist wichtiger, wie Sie etwas tun, als warum Sie etwas tun und wie viel Sie tun.

Wie viele Zen-Meister sind nötig, um eine Glühbirne in einer Lampe zu wechseln?

Keiner. Das Universum dreht die Birne, der Meister muss nur Platz machen.

Arbeiten im Geiste des Zen bedeutet, dass Sie Ihre Arbeit um ihrer selbst willen lieben und ausführen und dass Sie sie nicht als Mittel zum Zweck benutzen. Wenn Sie nur arbeiten, um mit dem Geld Ihre Freizeit zu gestalten oder sich Luxusgüter zu kaufen, um eine gewisse gesellschaftliche Position oder einen Status zu erreichen, verliert Ihr Leben nicht nur an Sinn und Wert, sondern auch an schöpferischer Kraft. Beruf als Berufung, dem Ruf der inneren Stimme zu folgen, geht dann vollends verloren. Unzufriedenheit, Langeweile, Über- oder Unterforderung und auch Stress sind die unausweichlichen Folgen.

Es spielt dabei keine Rolle, welchen Beruf Sie ausüben. Machen Sie keine halben Sachen. Ein Mangel an Interesse und Einsatz macht Sie langfristig nicht glücklich und kann niemals zur inneren Fülle beitragen. Achten Sie immer darauf, dass Sie den Bezug zur Umwelt, zur Natur und zu Ihren Mitmenschen nicht verlieren. Halten Sie sich stets die Verbundenheit und die Wechselwirkungen vor Augen, denen wir alle unterworfen sind. Versuchen Sie, möglichst ohne Zwänge und Schuldgefühle zu arbeiten, denn diese sind ein großes Hindernis für die Kreativität und Freude. Bleiben Sie in Ihrem natürlichen Fluss. Geben Sie auf sich acht, und finden Sie die Balance zwischen aktivem und passivem Wirken und Tun. Bleiben Sie sich selbst treu, und leben und arbeiten Sie aus Ihrer inneren Mitte heraus!

Zen-Meisterinnen und -Meister waren und sind Künstler des Lebens. Sie haben erkannt, dass nur unsere Vorstellungen die Welt, die Wirklichkeit, differenzieren. Hingabe, Achtsamkeit und Dankbarkeit sind Ausdruck einer Wertschätzung der Arbeit. Erkennen Sie also Ihre Arbeit als Dienst, als Geschenk für die Familie, die Gemeinschaft, das soziale Umfeld, die Welt, für das ganze Universum. Lassen Sie Ihren Körper, Ihre Atmung und Ihren Geist während der Arbeit, die Sie verrichten, eins werden. Erwarten Sie keinen Ruhm, keine Ehre, keine Anerkennung und kein Lob. Arbeiten Sie, um der Arbeit willen! Das ist das Einzige, was Sie tatsächlich befreit!

Haben Sie sich schon einmal selbst gefragt:

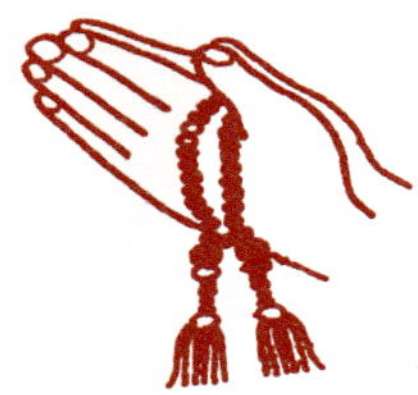

- Wie viel Arbeit braucht der Mensch?
- Wie viel Arbeit brauche ich?
- Was bedeutet Arbeit für mich?
- Weshalb (für wen oder was) arbeite ich?
- Füge ich mir mit meiner Arbeit körperlichen oder geistigen Schaden zu?
- Schadet meine Arbeit anderen Menschen körperlich oder geistig?
- Schadet meine Arbeit der Umwelt oder der Natur?
- Macht meine Arbeit nur mich oder auch andere Menschen glücklich?
- Gebe ich meiner Arbeit einen Sinn oder einen Wert? Wenn ja, welchen?

Es lohnt sich, dass Sie sich solche Fragen stellen. Beantworten Sie diese so offen und ehrlich wie möglich. Sie erhalten wichtige Informationen über Ihre Einstellung zur Arbeit. Sie können erkennen, ob es nötig ist, Veränderungen vorzunehmen. Vielleicht entdecken Sie auch, dass sich Ihre Prioritäten verschoben oder Sie andere Wertvorstellungen haben. Verdrängen Sie solche Erfahrungen und Erkenntnisse nicht. Nehmen Sie sie ernst und auch zum Anlass, über Ihre Arbeit nachzudenken und gegebenenfalls zu handeln!

Nachfolgend erhalten Sie ein paar einfache Tipps für Ihren Arbeitsalltag:

- Machen Sie immer nur eine Tätigkeit auf einmal.
- Seien Sie bei allem, was Sie tun, 100 % körperlich und geistig bei der Sache.
- Widmen Sie sich immer zuerst dem Wesentlichen und dem Wichtigen.
- Entschleunigen Sie Ihr Leben, und nehmen Sie sich Zeit.
- Qualität steht immer über Quantität.
- Jedes Ding hat seine Zeit und seinen Platz.
- Achten Sie darauf, dass Ihre innere Haltung mit Ihrer äußeren Haltung in Einklang steht. Handeln Sie authentisch.
- Ihre Kraft liegt in der Ruhe und der Präsenz im Augenblick.
- Lassen Sie sich nicht von allem und jedem sofort ablenken.
- Reagieren Sie nicht immer sofort auf einen Reiz von außen.
- Arbeiten Sie um der Arbeit willen.
- Probleme sind Aufgaben, die gelöst werden können. Denken Sie in Lösungen und nicht in Problemen.
- Kultivieren Sie Ihre Wahrnehmung, Ihr Bewusstsein und Ihre Achtsamkeit.
- Schulen Sie Ihre Intuition, und hören Sie auf Ihre innere Stimme.
- Arbeiten Sie aus Ihrer inneren Mitte heraus.
- Machen Sie Pausen.
- Lösen Sie sich von Konzepten, Vorstellungen und Meinungen.
- Geben Sie Erwartungen auf.
- Lernen Sie, auf Veränderungen zu vertrauen und sich nicht gegen sie zu wehren.
- Lassen Sie bei allem, was Sie tun, Einfachheit, Klarheit und Ordnung entstehen.

Ordnung ist das ganze Leben

Jedes Ding hat seinen Platz.

»Besitz besitzt Sie!«, so lautet ein bekanntes Zen-Sprichwort. Weniger Besitz bedeutet also weniger Anhaftung und auch weniger Probleme. Das meint, dass Sie sich unbedingt von unnötigem Ballast befreien sollten. Lernen Sie, Dinge loszulassen, die Sie nicht brauchen. Befreien Sie sich von der Sammelwut. Horten Sie keine Gegenstände für den unwahrscheinlichen Fall, dass Sie sie in ein paar Jahren doch noch brauchen. Zusätzlich müssen Sie aber auch lernen, sich weniger neue Sachen zu kaufen. Die Zen-Einrichtung ist keinem Trend unterworfen. Im Gegenteil, sie ist zeitlos und funktional und besticht durch klare Linien und aussagekräftige Formen.

Wohnen im Herz-Geist des Zen strebt eine stille Schönheit und eine vornehme Würde an. Diese Haltung zeigt sich in einer schlichten, anmutigen Einrichtung. Im Zen ist die Wertschätzung von Alltagsgegenständen groß. Hauptziel der Einrichtung ist die Funktionalität, verbunden mit der Einfachheit. Es wird viel Wert auf weiße Wände gelegt, die die Schönheit der Möbel und der Bilder erst in das rechte Licht rücken. Sparsamkeit in der Form und der Verzicht auf konkurrierende Elemente sind wichtige Faktoren.

Der Einrichtungsstil im Zen ist:

- nüchtern
- still
- streng
- klar
- karg
- schlicht
- natürlich
- reduziert
- ordentlich
- sauber

Die Räume, die im Zen-Stil eingerichtet werden, besitzen eine lebendige Spannung, die durch das Konzept der Asymmetrie erreicht wird. Symbole besitzen eine große Kraft. Das Andeuten von bestimmten Zeichen mit blassen und schwachen Formen gehört ebenso zum Zen-Stil wie klare, kräftige Fixpunkte in einem Zimmer oder einem Raum.

**Wer Ordnung hält,
ist nur zu faul zum Suchen.**

Nein! Wer Unordnung hält,
ist nur zu faul zum Aufräumen.

Wohnen und Leben im Zen-Stil hat zum Ziel, einen Ort der Ruhe, der Stille und der Inspiration zu schaffen. Es geht um Bescheidenheit, Klarheit, Freiheit und Schlichtheit. Der freie Geist des Zen spiegelt sich demnach auch im Lebensstil wider. Er lässt Raum zur Entfaltung und beschränkt sich auf das Wesentliche. Er lebt nach dem Leitsatz: Weniger ist mehr. Im Vordergrund stehen die Harmonie und die Ausgewogenheit, und der praktische Nutzen steht über dem Design. Die Energie soll im Haus, in der Wohnung oder im Zimmer genauso frei fließen können wie im Körper und im Geist. Diese Einstellung zeigt sich auch im naturnahen und umweltbewussten Bauen, Einrichten und Wohnen.

Was bedeutet das konkret?

- Achten Sie auf natürliche und sanfte Lichtquellen.
- Farben sollen eine heitere Gelassenheit und Harmonie erzeugen. Wählen Sie vorzugsweise Naturtöne, und arbeiten Sie mit starken Kontrasten.
- Integrieren Sie alle Fünf Elemente (Holz, Feuer, Erde, Wasser, Metall) in Ihren Wohn- und Lebensstil.
- Verwenden Sie natürliche Werkstoffe, wie z. B. Holz, Leinenstoffen, Schieferplatten und Sisal.
- Beachten Sie die Oberflächenwirkung der einzelnen Gegenstände, und schaffen Sie dadurch reizvolle Kontraste (z. B. heiß/kalt oder rau/glatt).
- Achten Sie auf ein ruhiges Gesamtbild, auf Symmetrie.
- Spielen Sie mit verschiedenen Formen, Farben und Strukturen, ohne dass ein künstlicher Eindruck entsteht.
- Lassen Sie in Ihrer Wohnung nur wenige Möbelstücke wirken, dafür aber Möbel aus qualitativ hochwertigen Materialen und Einzelstücke.

Seien Sie sich bewusst, dass rostfreier Stahl, Silber, Kupfer, Messing und polierter Marmor das Licht widerspiegeln und dass Beton oder rauer Putz das Licht schlucken. Halten Sie eine klare, strukturierte Ordnung, gerade auch in von außen nicht einsehbaren Schränken. Füllen Sie Sachen, z. B. Gewürze, in gleiche Behälter, Dosen oder Kisten, und beschriften Sie sie einheitlich und deutlich. Das vermittelt dem Auge und dem Geist Ruhe und Klarheit. Unterteilen Sie große Schubladen in kleine Abteilungen. Sie verhindern so, dass Sie umständlich nach Gegenständen wühlen müssen.

Im Zen heißt es, dass jedes Ding seinen Platz hat. Ordnung und Sauberkeit ist das oberste Gebot. In einem sauberen und aufgeräumten Raum können Ruhe und Bewusstheit entstehen. Freie Flächen bieten körperliche und geistige Bewegungsfreiheit. Sie fördern die Kreativität und die Intuition.

Der Garten nimmt im Zen eine bedeutende Stellung ein. In ihm spiegeln sich das Große im Kleinen und das Kleine im Großen wider. Im Zen-Garten arbeitet man vor allem mit Sand, Steinen und Wasser. Aber auch Moos, Bäume und Sträucher finden neben Steinlaternen, Trittsteinen, Wasserbecken und kleinen Brücken, die die Verbindung zwischen den zwei Welten herstellen, ihren Platz. Zu den vier edlen Pflanzen, die Glück symbolisieren, gehören der Pflaumenbaum, die Orchidee, die Chrysantheme und der Bambus. Gerade der Bambus ist aus Gärten und Wohnungen nicht mehr wegzudenken. Er steht für Treue, Weisheit, Demut, Freude, Frieden, Beweglichkeit, Langlebigkeit und für ein günstiges Schicksal. Aber auch der Lotos hat einen festen Platz im Garten. Die Lotosblume ist Sinnbild für den Weg der Entfaltung, der Erleuchtung und des Erwachens. Sie steht für geistiges Wachstum und Harmonie. Die herzförmige Knospe wird oft in Verbindung mit der Gassho-Handhaltung gebracht, bei der die beiden Handflächen in Höhe des Herzen zusammengeführt werden.

Im Zen-Stil wohnen bedeutet, dass Sie im Einklang mit Ihrer Umgebung leben. Das meint, dass Sie versuchen, die Gesetze der Natur und die des Universums zu berücksichtigen. Harmonie und Zufriedenheit entstehen aus der Einsicht der Verbundenheit. Versuchen Sie ganz bewusst, auch den Kontakt zu den Jahreszeiten zu pflegen.

Zusammengefasst heißt Wohnen im Zen-Geist, dass Sie Überflüssiges weglassen und sich auf das Wesentliche konzentrieren. Halten Sie Ihre Wohnung übersichtlich, achten Sie auf möglichst viele freie Oberflächen. Das erleichtert Ihnen das Saubermachen ungemein. Eine klare Ordnung verschafft Ihnen mehr Kapazität und weniger Stress, denn Sie vergeuden keine Zeit mehr damit, nach allem zu suchen! Kaufen Sie qualitativ hochwertige Einrichtungsgegenstände. Vermeiden Sie Billigprodukte aus Massenproduktion. Diese werden meist aus fragwürdigen Materialien und unter zweifelhaften Bedingungen hergestellt. Ihr Heim soll Ihren Geist beruhigen und Ihnen Kraft und Energie schenken!

Eine kleine Anekdote:
Ich erinnere mich noch gut daran, dass wir im Kloster jeden Tag mehrere Stunden mit Samu verbracht haben. Das Reinigen des Holzbodens war eine kräfteraubende, aber typische Zen-Tätigkeit, die wir jeden Tag durchführten! Den Wischlappen ausgebreitet auf dem Boden, die Hände fest darauf fixiert, rannte man die meterlangen Klostergänge barfuß auf und ab. Am Ende des Ganges hüpfte man mit beiden Beinen auf die andere Seite des Lappens und rannte wieder zurück. Sie können sich bestimmt vorstellen, dass bei einer solchen Tätigkeit der Besuch eines Fitnesscenters überflüssig wird!

Ein kleiner Zen-Novize kam zum Meister und bat ihn, mit ihm zu spielen. Der Meister musste sich aber um verschiedene Tätigkeiten kümmern, die den reibungslosen Ablauf des Tempellebens garantierten. Also nahm er eine Zeitschrift und blätterte darin, bis er eine sehr detaillierte Abbildung der Erde entdeckte. Er riss die Seite aus dem Heft heraus, nahm eine Schere und schnipselte die Erde in viele kleine Teile. Zum jungen Novizen gewandt, sprach er: »Hier, mein Sohn, versuche, dieses Puzzle wieder zusammenzusetzen!« Eifrig machte sich der Zen-Schüler an die Arbeit. Doch schon nach wenigen Minuten stand er erneut vor dem Meister. »Ich bin fertig!«, sagte er volle Freude und zeigt seinem Lehrer das perfekte Bild der Erde. Der Meister konnte es kaum glauben und fragte den Jungen: »Wie hast du das Puzzle so schnell zusammengefügt?« Der Kleine sprach: »Meister, auf der Rückseite war ein Mensch abgebildet. Ich habe diesen korrekt zusammengefügt. Als der Mensch in Ordnung war, da war auch die Erde in Ordnung!«

Die Kunst des Loslassens

Loslassen ist eine Haltung des Geistes, und Vertrauen ist die Grundvoraussetzung, um loslassen zu können. Loslassen im Zen betrifft nicht nur Güter und Wertgegenstände, sondern auch Menschen, Gedanken, Empfindungen, Gefühle, körperliche Schmerzen, Wünsche, Hoffnungen und Ereignisse. Es bedeutet auch, Konzepte, Meinungen, Theorien und Erwartungen loszulassen, auch die über das Loslassen selbst. Im Endeffekt, und das ist die schwierigste Hürde, heißt die Kunst des Loslassens auf dem Zen-Weg, die Vorstellung eines eigenständigen Ichs vollständig aufzugeben.

Loslassen muss man üben. Es ist eine Kunst wie jede andere auch. Sie braucht Training und Wiederholung. Das schafft Vertrauen und gibt Sicherheit. Zu Beginn weigern sich viele Menschen loszulassen. Die Angst, etwas zu verlieren, scheint zu groß und die Unsicherheit, was uns nach dem Loslassen erwartet, nicht einschätzbar. Mit der Zeit gewinnen wir aber an Zuversicht und Selbstvertrauen und merken, dass wir durch das bewusste Loslassen keine Nachteile, sondern nur Vorteile generieren.

Die höchste Wirklichkeit ist das, worüber man nicht wirklich sprechen kann.

Gerade wenn es um ein effizientes Energiemanagement geht, ist Loslassen das Schlüsselwort. Festhalten blockiert und verhindert den Fluss Ihrer Energie. Stagnation bedeutet, in einer Lebenssituation zu verharren oder sich an Menschen oder Gegenständen festzukrallen. Diese Haltung macht langfristig körperlich und geistig krank. Viele Menschen verbeißen sich mental in Erinnerungen an die Vergangenheit oder in Erwartungen an die Zukunft und wundern sich, weshalb sie über die Gegenwart keine Kontrolle haben. Doch der Flow, wenn alles fließt und man eins mit seiner Umgebung und sich selbst wird, findet immer nur im gegenwärtigen Moment statt.

Loslassen im Geiste des Zen sind Akzeptanz und Anpassung. Das beinhaltet zum Beispiel, dass Sie Veränderungen zulassen, dass Sie sich für eine Sache entscheiden oder dass Sie sich von etwas trennen müssen. Nach einer Leere, die unweigerlich auf das Loslassen folgt, entsteht das Gefühl der Erleichterung und der Freiheit.
Der Prozess beginnt im Kopf, mit Ihren Gedanken, überträgt sich dann auf Ihre Gefühle und Empfindungen und zeigt sich letztlich in Ihren alltäglichen Handlungen. Selbstverständlich können Sie auch den umgekehrten Weg gehen, indem Sie zuerst bewusst gewisse Handlungen loslassen und dann beobachten, was sich in Ihren Empfindungen tut und wie Ihr Geist darauf reagiert. Loslassen findet immer auf verschiedenen Ebenen statt. Denken, Fühlen und Handeln bedingen sich gegenseitig.

Loslassen ist die Grundvoraussetzung, um wirklichen, wahren, inneren Frieden zu finden. Doch was genau sollen Sie loslassen? Dürfen Sie nicht mehr handeln, denken oder fühlen? Leben ist denken, fühlen und handeln. Das macht Sie weder unglücklich noch krank. Es ist die Art und Weise, wie Sie denken, fühlen und handeln. Sie bestimmt, wie und was Sie erleben. Das heißt, die Anhaftung an das Resultat entscheidet darüber, ob Ihre Energie fließt oder blockiert. Wenn Sie leben, um sich zu beweisen, zu konkurrieren, sich durchzusetzen, etwas Bestimmtes zu erreichen, wenn Sie etwas erwarten oder fordern, dann sind Sie in Ihren Konditionierungen gefangen. Dann sind Sie nicht mehr frei und unabhängig, sondern durch Ihre Gier an ein bestimmtes Ergebnis gebunden.

Buddha sagte: »Lerne loszulassen. Das ist der Schlüssel zum Glück.« Es ist deshalb von großem Wert, dass Sie sich zwischendurch immer wieder die folgenden Fragen stellen:

- Brauche ich das wirklich?
- Bringt mich das weiter? Ist es nützlich?
- Was ist überflüssig?
- Möchte ich daran festhalten?
- Hilft es mir, in meinem Leben weiterzukommen?
- Was bindet mich?
- Was lässt mich festhalten?
- Wer oder was beraubt mich meiner körperlichen und geistigen Freiheit?
- Was kann ich wegwerfen, verschenken oder verkaufen?
- Wo bin ich bereit, zu geben, anstatt zu nehmen?
- Wo entsteht ein innerer oder äußerer Kampf?
- Welchen Vorteil erhoffe ich mir, wenn ich an den Gefühlen festhalte?

Die Beantwortung dieser Fragen bezieht sich sowohl auf Gegenstände, Menschen, Empfindungen und Gedanken als auch auf Ereignisse, Taten, Wünsche, Verletzungen, Konzepte und Meinungen und auf unseren Körper. Es gibt bestimmt immer wieder Situationen in Ihrem Leben, in denen Sie sich tatsächlich von etwas oder jemandem trennen müssen. In vielen Fällen ist es aber auch so, dass die Veränderung Ihrer geistigen Einstellung bereits das Loslassen initiiert. Das heißt, sobald Sie Ihre innere Haltung gegenüber den äußeren Bedingungen verändern, wandelt sich alles! Nehmen wird dann zum Geben, Verschlossenheit weicht der

Offenheit, Festhalten geht in Loslassen über, Stagnation wird zum Fließen und Kämpfen führt zum Frieden. Loslassen bedeutet dann keinen Verzicht mehr, sondern einen Gewinn an innerer und äußerer Freiheit.

»Seit vielen Generationen nehmen die Affenfänger eine ausgehöhlte Kokosnuss und bohren ein Loch hinein. In das Loch stecken sie eine Banane oder Süßigkeiten. Dann wird die Kokosnuss auf dem Boden befestigt. Es dauert nicht lange, dann kommt der erste Affe. Er greift mit der Hand nach der Banane und versucht, sie mit dem Leckerbissen wieder aus dem Loch zu ziehen. Seine geschlossene Hand ist aber für das Loch zu groß. Er kann sie nicht durch das Loch herausziehen, der Affe ist gefangen. Anstatt seine Hand zu öffnen und die Banane loszulassen, hämmert der Affe auf die Nuss ein. Er wird wütend und brüllt laut. Er ist nicht bereit, seine Freiheit, auf Kosten der Banane, wiederzugewinnen. Er sitzt da, hält das Objekt seiner Begierde fest und kann nicht loslassen!«

Das Mittagsritual

Alles, was du jetzt meisterst, bleibt dir in der Zukunft erspart.

Sie haben es bereits bis zum Mittag geschafft. Ist es nicht sehr befriedigend, im Zen-Geist zu denken, zu fühlen und zu handeln? Ich finde, dass es das Leben vereinfacht und vertieft. Und Sie? Wir schauen uns nun ein paar wichtige Punkte an, die das Zen-Ritual über Mittag betreffen. Wenn Sie die gewonnene Energie und die Lebensfreude vom Morgen über den Mittag in den Nachmittag und den Abend retten möchten, halten Sie sich an die folgenden Regeln:

- Verlassen Sie Ihren Arbeitsplatz.
- Essen Sie zu Mittag.
- Nehmen Sie sich Zeit für Ihr Mittagessen. Setzen Sie sich hin, und essen Sie nicht im Gehen oder Stehen.
- Benutzen Sie weder Ihr Handy noch Ihren Computer, während Sie essen, und schauen Sie nicht fern. Lesen Sie auch keine Zeitung.
- Achten Sie allgemein darauf, dass Sie nicht zu anregende Gespräche während der Mahlzeiten führen. Ärger, Wut, Nervosität oder Sorgen beeinträchtigen Ihre Verdauung erheblich.
- Vermeiden Sie kalte und kohlensäurehaltige Getränke zum Essen.
- Essen Sie nicht zu schwer, d. h. zu fettig.

- Vermeiden Sie Fertigprodukte, und verbannen Sie Ihre Mikrowelle.
- Trinken Sie keinen Alkohol.
- Verzichten Sie auf den Nachtisch.
- Schlafen Sie tagsüber nicht, vor allem dann nicht, wenn Sie abends Schwierigkeiten mit dem Einschlafen haben oder unter Durchschlafstörungen leiden.
- Gönnen Sie sich einen kleinen Spaziergang an der frischen Luft, bevor Sie wieder mit Ihrer Arbeit beginnen.

Gegen Mittag nimmt Ihre Konzentrationsfähigkeit ab, die Leistungskurve sinkt, d. h., Ihre Kraftreserven sind erschöpft. Jetzt ist es wichtig, dass Sie eine Pause machen und etwas essen! Am besten verlassen Sie dazu Ihren Arbeitsplatz. Eine Luftveränderung tut Ihnen gut. Vermeiden Sie körperliche Belastung und Stress. Sport in der Mittagszeit schadet nicht nur Ihrem Herzen, sondern beeinträchtigt auch Ihre Verdauung.

Erledigen Sie keine Einkäufe, wenn Sie in Eile sind, und verschieben Sie das Abarbeiten Ihrer »To-Do-Liste« auf später. Sparen Sie keine Zeit über Mittag, indem Sie weiterarbeiten. Gerade in Stresssituationen, unter Termindruck und bei Zeitmangel ist es wichtig, dass Sie sich eine kurze Auszeit gönnen. Dieser Zeitgewinn ist ein Trugschluss, Sie verschlechtern Ihre Situation nur. Das merken Sie allerdings erst später. Sorgen Sie also unbedingt für körperliche und geistige Ruhe und Erholung.

Eine regelmäßige, gesunde und ausgewogene Mittagsmahlzeit ist für Ihr Energiesystem entscheidend. Ihre Reserven werden aufgefüllt, die Konzentrationsfähigkeit steigt, das Immunsystem wird gestärkt, Stresssymptome werden vermindert, und das Körpergewicht wird reguliert. Sie tanken wertvolle und überlebenswichtige Kraft, was sich nicht nur kurzfristig, sondern gerade auch langfristig auf Ihr körperliches und geistiges Wohlbefinden und Ihre Gesundheit auswirkt.

Ein nettes Gespräch beim Essen mit der Familie, der Austausch mit dem Partner oder ein kurzes Treffen mit Freunden hebt die Stimmung, stärkt die sozialen Kontakte, verbindet und wirkt sich ebenfalls positiv auf Ihr Energiesystem aus. Gerade wenn Sie Kinder haben, ist es wichtig, dass Sie mindestens 1 Mal pro Tag ein gemeinsames Essen einnehmen. Die Ernährungsgewohnheiten von Kindern werden bereits ab dem 2. Lebensjahr geprägt. Das bedeutet, dass die Familie mit ihrem Einkaufs- und Essverhalten einen wesentlichen Einfluss auf das heranwachsende Kind ausübt. Wir müssen uns als Erwachsene unserer Vorbildfunktion also unbedingt bewusst sein. Aus eigener Erfahrung wissen wir, wie schwierig es ist, festgefahrene Muster und langjährige Gewohnheiten über Bord zu werfen. Lesen Sie selbst:

»Wie soll ich mein Leben führen?«, erkundigte sich eine Schülerin bei ihrer Meisterin und ergänzte weiter: »Die Menschen lieben das Leben, aber sie haben Angst vor dem Tod!« Die Meisterin antwortete: »Bei deiner Geburt haben sich alle über deine Ankunft gefreut, nur du hast geschrien und geweint. Lebe dein Leben so, dass alle Menschen weinen, wenn du stirbst, du dich aber freuen und die Welt mit reinem Herz und klarem Geist verlassen kannst!«

Es sind die alltäglichen Dinge, die unser Verhalten prägen und Einfluss auf unser Leben nehmen. Schon kleine Veränderungen im Denken können Großes bewirken und hinterlassen positive Auswirkungen auf Ihre Handlungen im Alltag. Damit Sie sich dessen und Ihrer selbst immer wieder bewusst werden, ist es nötig, dass Sie genügend Raum für Entspannung und Erholung sowie Zeit zum Nachdenken und Nachspüren einplanen. Nur die Achtsamkeit im Moment kann Einfluss auf das nehmen, was wir denken und fühlen und wie wir handeln.

Eine Pause oder die Kraft der Tasse Tee

Selbsterkenntnis
in einer Schale Tee

Tee spielt im Zusammenhang mit dem Leben im Zen-Geist eine große Rolle. Tee wurde früher in den Klöstern vor allem gegen Müdigkeit und zur Erhöhung der Konzentration während der langen Sitzperioden getrunken. Man sagt dem Getränk aber auch gesundheitsfördernde Wirkungen nach, und so erstaunt es nicht, dass der Bedarf an Tee bei den Mönchen stetig zunahm. Die Lage der chinesischen und japanischen Tempel und Klöster boten von jeher optimale Anbaubedingungen für Tee. Das ist mit ein Grund, weshalb die Mönche und Nonnen eigene Teegärten anlegten und den Tee anbauten und verarbeiteten. Einerseits konnten sie so ihren eigenen Bedarf decken, andererseits den Überschuss der Ernte gewinnbringend verkaufen.

Der Teeweg beinhaltet sämtliche Prinzipien des Zen, und so heißt es in einem bekannten Spruch: »Zen und Tee haben den gleichen Geschmack.« Oder um mit meinem Herz-Geist zu sprechen: »Eine Tasse Tee und ein Tag im Leben haben etwas gemeinsam. Richtig wahrgenommen, offenbaren beide die absolute Vollkommenheit.«

Rührt man den Tee mit der linken oder der rechten Hand um?

Weder noch, man nimmt den Löffel.

Gönnen Sie sich mindestens 1 Mal am Tag eine Tasse Tee. In der Philosophie des Zen verwendet man Grünen oder höchstens einen leicht fermentierten Tee. Verzichten Sie auf den Genuss von Schwarzem Tee, wenn Sie von der heilenden Wirkung des Tees profitieren möchten.

Grüner Tee hat folgende positive Einflüsse auf Ihren Körper und Geist. Er:

- hat eine reinigende, entgiftende und verdauungsfördernde Wirkung.
- vertreibt die Müdigkeit.
- stärkt das Immunsystem.
- erhöht die Konzentration und die Leistungsfähigkeit.
- lindert Magen- und Darmprobleme.
- stärkt die Blutgefäße.
- senkt den Blutzucker- und den Cholesterinspiegel.
- wirkt antibakteriell und entzündungshemmend.
- wirkt antirheumatisch.
- bindet freie Radikale.
- reduziert die Stresshormone.
- unterstützt die Leberfunktion.
- wirkt antidepressiv.

Im spirituellen Gedankengut heißt es zudem, dass Tee das Leben verlängere, die Liebe der Kinder zu ihren Eltern kräftige, die sinnlichen Begierden überwinde, sich fördernd und stärkend auf die Freundschaft auswirke, den Körper und den Geist erziehe und dem Menschen in der Stunde des Todes beruhigend zur Seite stehe und ihn ohne Verwirrung gehen lasse.

[Ein berühmter Meister lud einen ebenso bekannten Zen-Meister mit einigen seiner Schüler zur Teezeremonie ein. Nachdem alle Gäste Platz genommen hatten, begann der Meister, alles für die Zubereitung des Tees herzurichten. Wegen des geschätzten Besuchs war er sichtlich nervös. Seine Hände zitterten, und er verschüttete nicht nur etwas Wasser, sondern schlug mit dem Löffel auch gegen eine Tasse. Als er den Tee eingoss, tropfte dieser auf das Gewand des anderen Meisters. Die Gäste sahen der Hilflosigkeit des Gastgebers schmunzelnd zu und mussten sich beherrschen, nicht laut loszulachen. Als die Teezusammenkunft beendet war, bedankte sich der Meister beim Gastgeber und sagte: »Das war der beste Tee, den ich jemals getrunken habe, und die beste Teezeremonie, an der ich bis jetzt teilgenommen habe.« Auf dem Heimweg erkundigten sich die Schüler bei ihrem Meister, ob die Worte des Lobes nicht etwas übertrieben gewesen seien. Der Meister erwiderte: »Überhaupt nicht! Obwohl einige kleine Missgeschicke dabei waren, bemühte der Meister sich aus tiefstem Herzen und aus einem aufrichtigen, reinen Geist heraus. Das ist das Wichtigste!«]

Wenn Sie Tee zubereiten, achten Sie auf die Reinheit des Wassers und auf eine gute Qualität des Tees. Bereiten Sie jede Schale Tee mit einem Lächeln zu. Trinken Sie den Tee nicht einfach nebenbei, sondern nehmen Sie sich ganz bewusst eine kurze Auszeit. Auch hier gilt der Grundsatz, dass Sie immer nur eine Sache auf einmal machen. Sie werden schnell merken, dass Ihnen eine Teepause Kraft, Energie, Ruhe, Wohlgefühl und eine Portion Entspannung schenken kann, wenn Sie es wirklich zulassen. Zulassen bedeutet, dass Sie sich auf den Tee einlassen, dass Sie ihn mit all Ihren Sinnen genießen und würdigen und dass Sie den Geschmack, die Farbe, den Duft, die Temperatur des Tees achtsam wahrnehmen.

Pausen sind in Ihrem Alltag sehr wichtig. Regelmäßig eine kurze Pause zu machen, unterstützt Ihre Aufnahmefähigkeit. Sie werden produktiver und fühlen sich frischer. Um diesen Nutzen aus den Pausen zu ziehen, muss eine Pause mindestens 10 bis 15 Minuten lang sein. Am besten verlassen Sie den gewohnten (Arbeits)platz. Noch besser ist es, wenn Sie die Sauerstoffzufuhr dabei erhöhen können. Trinken Sie zum Beispiel Ihre Tasse Tee im Freien. Ein kraftvolles Ritual ist es auch, wenn sich die ganze Familie, Ihr Partner oder gute Freunde zu einer regelmäßigen Teezusammenkunft treffen.

Nach 3 bis 4 Stunden konzentrierter Arbeit sinkt die Leistungskurve eines Menschen massiv. Wenn Sie dann weiterarbeiten, werden Ihre Energiereserven angezapft und Ihr Körper und Ihr Geist verspannen sich. Die Haltung, dass die Arbeit wichtiger sei als eine Pause, ist völliger Unsinn. Im Gegenteil, je länger Sie ohne Unterbrechung arbeiten, desto unkonzentrierter werden Sie. Und nicht nur die Fehlerquote steigt dann, Sie verbrauchen auch noch mehr Energie für dieselbe Arbeit.

Pausen schaffen wertvolle Distanz zu den Dingen, und sie unterstützen und fördern die Gedächtnisprozesse. Unser Organismus ist auf den Wechsel von Aktivität und Passivität angewiesen. Deshalb ist es richtig und wichtig, dass Sie Pausen in Anspruch nehmen und darauf achten, was Ihr Körper und Ihr Geist gerade benötigen. In unserer Leistungsgesellschaft sind Pausen oft verpönt. Es ist nur der ein Held, der ohne Pause und Mittagessen von morgens früh bis abends spät arbeitet. Doch das Pausenverhalten wird stark durch die innere Haltung geprägt.

- Was bedeutet Leistung für Sie?
- Fühlen Sie sich besser, je mehr Sie geleistet haben?
- Wann erlauben Sie sich eine Pause?
- Sind diese Pausen an eine Bedingung geknüpft?
- Nehmen Sie innere und äußere Signale Ihres Körpers wahr?

Machen Sie regelmäßig eine Pause, gehen Sie an die frische Luft, und trinken Sie eine Tasse Tee. Genießen Sie Ihre Schale Tee in Ruhe und Frieden. Erinnern Sie sich daran, dass Sie dabei auch auf Ihre Worte und Gedanken achten. Unachtsamkeit vergiftet nicht nur den Tee, sondern auch Ihren Geist.

Hör auf, es allen recht zu machen

Du kannst nur dein Leben leben.

Kurze Auszeiten und sinnvoll genutzte Pausen schenken Ihnen wieder wertvolle Energie. Noch besser ist es aber, wenn Sie lernen, mit Ihrem Energiehaushalt so umzugehen, dass Sie den Verlust an Energie in Grenzen halten. Das setzt voraus, dass Sie erkennen, wo und wann Sie Energie verlieren. Gerade im psychischen, mentalen Bereich verlieren Sie jeden Tag sehr viel Kraft.

In den nächsten Kapiteln beschäftigen wir uns nun mit den geistigen Aspekten, die uns Energie rauben. Es sind Themen, die viele von uns tagtäglich beschäftigen und uns so manchen Gedanken kosten. Es steht außer Frage, dass Ihr Geist viel Energie benötigt. Die Frage, die sich aber stellt, ist, wofür benötigen Sie die Energie? Aus Ihren gedanklichen Konstrukten bilden sich Gefühls- und Handlungsweisen, die sich dann zu Gewohnheitsmustern formen. Im Alltag reagieren Sie nicht mehr bewusst, überlegen und selbstbestimmt, sondern unbewusst, vorprogrammiert und fremdbestimmt.

Wie viel Macht und Einfluss Gedanken über Sie haben können, zeigt eine einfache Aufschlüsselung. Gehen wir einmal davon aus, dass wir zwischen 50 000 und 80 000 Gedanken pro Tag haben. Dann sind im Durchschnitt 70 % davon belanglos, unwichtig, oberflächlich und flüchtig. 25 % der Gedanken sind negativ, destruktiv und schädlich. Und nur 5 % davon sind positiv, stärkend, aufbauend und motivierend. Anhand dieses Beispiels können Sie erkennen, wie wichtig einerseits die Hygiene des Geistes ist und andererseits, wie bedeutend es ist, dass Sie Ihre Achtsamkeit und Ihre Wahrnehmung schulen.

Haben Sie sich schon damit beschäftigt, was Sie Energie kostet? Welchen Aussagen würden Sie sich spontan anschließen?

- Ich bin zufrieden, wenn andere sich wohlfühlen.
- Ich bin es gewohnt, meine Bedürfnisse für andere zurückzustellen.
- Ich habe Mühe damit, andere zu kritisieren.
- Ich bemühe mich, dass mich andere mögen.
- Ich erachte es als wichtig, von anderen ein Feedback dazu zu erhalten, wie ich eine Sache gemacht habe.
- Ich versuche, alles dafür zu tun, dass ein Streit zwischen mir und einer anderen Person geschlichtet wird.
- Ich versuche, anderen meinen Standpunkt und meine Entscheidungen immer zu erklären oder mich zu rechtfertigen.
- Ich reagiere auf Kritik von anderen mit Erklärungen.
- Ich möchte gern verstanden werden.
- Ich kann mit Disharmonie nicht gut umgehen.
- Ich finde es wichtig, dass andere mich akzeptieren.
- Ich habe Mühe damit, wenn ich eine Meinungsverschiedenheit mit einer Person habe.
- Ich versuche, den Erwartungen anderer möglichst gerecht zu werden.
- Ich handle oft schon, bevor ich um etwas gebeten werde.
- Ich versuche, meinem nahen Umfeld gerecht zu werden und zu gefallen.
- Ich bin verantwortlich dafür, wie sich andere in meinem Umfeld fühlen.

Die Geschichte vom Vater, dem Sohn und dem Esel zeigt auf, wie schwierig es ist, es allen recht zu machen.

Es war Mittagszeit, und die glühende Sonne brannte auf den staubigen Asphalt. Ein Vater saß auf einem Esel. Sein kleiner Sohn hielt die Zügel des Tieres in den Händen, während er neben dem Esel herging. Da kam ihnen ein Mann entgegen, der entsetzt bemerkte: »Wie egoistisch! Wie kann ein Vater nur so kaltherzig sein und seinen kleinen Sohn neben dem Tier herlaufen lassen. Seine Beine sind doch viel zu kurz, um mit den großen Schritten des Esels mithalten zu können. Wie müde dieser Kleine schon aussieht!«

Der Vater stieg also vom Esel ab und ließ seinen kleinen Jungen reiten. Es dauerte keine halbe Stunde, bis eine Frau den Weg der beiden kreuzte und laut rief: »Was für ein verzogenes Kind. Es sitzt wie ein kleiner König auf dem Esel, während sein alter Vater neben dem Tier herlaufen muss!« Der Junge war traurig über diese Worte und bat seinen Vater, er möge sich doch hinter ihm auf den Rücken des Esels setzen und mitreiten. Nach kurzer Zeit begegneten sie einem Mann, der ihnen vorwurfsvoll entgegenschrie: »Das gibt es doch nicht, der arme Esel. Da sitzen zwei Faule, ein kleiner und ein großer, und quälen das arme Tier mit ihrem Gewicht!«

Vater und Sohn konnten diese Worte nicht tatenlos auf sich ruhen lassen und stiegen vom Esel ab. Sie gingen schweigend neben dem Esel her, als sie einer alten Frau begegneten. Die lachte und sagte: »Das gibt es doch nicht. Wie dumm muss man sein. Da hat man einen Esel und benutzt ihn nicht. Anstatt dass er euch nützt und einer von euch auf ihm reitet, führt ihr ihn spazieren! Was seid ihr nur für Narren!«

Da schaute der Vater seinem Sohn tief ihn die Augen und sprach: »Mein Sohn, es ist gleichgültig, was wir machen. Wir werden immer jemanden finden, der nicht einverstanden ist mit dem, was wir tun. Ab sofort werden wir das machen, was wir selbst für richtig halten!«

Auch Sie werden es in Ihrem Leben nie allen Menschen recht machen können. Das ist eine wichtige Erkenntnis, die Sie vor großem Energieverlust und vor falschen Erwartungen schützt. Es ist deshalb von großer Bedeutung, dass Sie wissen, warum Sie etwas tun oder etwas unterlassen. Kein anderer kann Ihr Leben leben. Niemand anderes weiß, was wirklich richtig oder gut für Sie ist. Sie tragen die Verantwortung für Ihr Leben, und Sie selbst müssen die Antworten bereit haben.

Haben Sie sich schon einmal gefragt, wieso Sie es allen recht machen wollen? Haben Sie Angst vor Konflikten, Angst, nicht geliebt zu werden, oder Angst vor Schuldzuweisungen und den daraus resultierenden Schuldgefühlen? Oder erhoffen Sie sich daraus eine Belohnung, z. B. Anerkennung, Liebe, Lob oder Dankbarkeit? Manche Menschen versuchen sogar, durch ihr »Helfer- und Rechtmacher-Syndrom« ihre eigene Unzulänglichkeit zu überdecken.

Was ist also die Voraussetzung dafür, dass Sie sich von dieser Haltung befreien können?

⊙ 1. Selbstbewusstsein das Bewusstsein des Selbst	Wer oder was bin ich?
⊙ 2. Selbstvertrauen das Vertrauen in das Selbst	Was kann ich? Was will ich?
⊙ 3. Selbstverantwortung die Konsequenzen für das Selbst	Bin ich bereit, die Folgen meines Handelns zu tragen?

Diese Eigenschaften, also Selbstbewusstsein, Selbstvertrauen, Selbstverantwortung, können Sie nur mittels Reflexion und Schulung Ihrer Wahrnehmung erreichen. Es braucht also Kenntnisse über das eigene Selbst und den Mut, die eigenen Bedürfnisse und Wünsche zu formulieren. Es setzt zudem ein hohes Maß an Eigenverantwortlichkeit und Vertrauen voraus, die Wünsche auch sinnvoll kundzutun und in die Tat umzusetzen. Eine innere geistige Klarheit und Freiheit sind dafür unerlässlich. Die Entwicklung Ihrer Persönlichkeit und die Bewusstseinserweiterung helfen Ihnen dabei.

Wichtig ist, dass Sie zu Beginn Ihrer Entwicklung erkennen können:

- 1. Schritt: Was denke ich?
- 2. Schritt: Was fühle ich?
- 3. Schritt: Wie handle ich?
- 4. Schritt: Was erwarte ich?

Wenn Ihnen das gelingt, haben Sie die erste Hürde überstanden. Das bedeutet, dass Sie wissen, weshalb Sie etwas tun beziehungsweise in welchen Mustern Sie denken, fühlen und handeln und was der Impuls ist, der Sie antreibt! Nun geht es darum, dass Sie Ihre Erwartungen anpassen, wenn Sie etwas nicht wollen oder mit einem Ergebnis nicht zufrieden sind. Das heißt im Klartext: Wenn Sie sich neu (anders) verhalten wollen, dann müssen Sie neu (anders) fühlen, und das setzt voraus, dass Sie neu (anders) denken!

Im Zen nennt man das, Handeln im Einklang mit seiner wahren Natur. Damit meint man ein Handeln, das den eigenen Körper mit dem Geist zusammenbringt. Das ist die authentische Handlung im Augenblick, die frei von Konditionierungen ist. Dann können wir die Welt immer wieder mit neuen Augen sehen, und jeder Moment eröffnet uns neue Möglichkeiten!

Ein Nein zu anderen bedeutet ein Ja zu sich selbst.

Pflege eine Fehler- und Konfliktkultur

Der größte Fehler ist,
keine Fehler machen
zu wollen.

Ich bin davon überzeugt, dass wir in unserer Gesellschaft eine unzureichende Fehler- und Konfliktkultur pflegen. Vielen Menschen fehlen die Kenntnisse, der Mut, die Kreativität und der Witz, um konstruktiv Meinungsverschiedenheiten auszutragen und Missverständnisse zu klären.

Sagt ein Zen-Meister zum anderen:
»Dich gibt es gar nicht!«

Darauf der andere:
»Wem sagst du das?«

Aus einer falschen Harmoniesucht und aus Unsicherheit heraus verdrängen, beschwichtigen, verleugnen und besänftigen wir Konflikte und Fehler. Wir wollen keine Spannungen, wir vermeiden die Konfrontation in der Hoffnung, dass sich alles irgendwie schon von allein löst! Hier unterliegen wir einem fatalen Irrglauben!

Es sind gerade Konflikte, die nicht ausgetragen oder angesprochen werden, die Spannungen erzeugen und für einen großen Teil unseres täglichen Energieverlustes verantwortlich sind. Jemandem aus dem Weg zu gehen kostet Kraft. Die Gedanken und Gefühle, die durch das Ausweichen auch unbewusst ausgelöst werden, prägen jede weitere Handlung mit dieser Person und können sogar das nähere Umfeld (z. B. ein Team, die Familie) beeinflussen.

So fördern Sie Ihre Konfliktfähigkeit:

- Sprechen Sie Missverständnisse an.
- Nennen Sie die Fakten oder Fehler auch wirklich beim Namen.
- Formulieren Sie Aussagen in Ich-Botschaften, und vermeiden Sie Du-Anschuldigungen.
- Fragen Sie nach, wenn Sie etwas nicht verstanden haben oder unsicher sind, was Sie tun sollen.
- Geben Sie auch dem Gegenüber die Chance zum Sprechen.
- Hören Sie wirklich zu.
- Bleiben Sie beim Thema.
- Denken Sie daran, dass es um Verständnis geht. Das bedeutet nicht automatisch, dass Ihr Gegenüber recht hat.
- Lernen Sie, Nein zu sagen.
- Wahre Konfliktfähigkeit kennt keine Drohungen und keine körperliche oder verbale Gewalt.

Die meisten von uns haben bereits als Kinder gelernt, dass Fehler nichts Gutes sind. Fehler bringen Schmerz, Leid, Schande und vielleicht sogar eine Strafe mit sich. Wir lachen über die Fehler der anderen und wollen selbst keine Fehler machen. Doch das ist nicht möglich. Fehlerfreiheit ist eine Utopie. Je mehr wir dieser Illusion hinterherjagen, desto kläglicher scheitern wir an dem Versuch, frei von Fehlern zu sein. Es verhält sich genau umgekehrt: Je mehr wir versuchen, perfekt zu sein, desto größer ist die Chance, dass wir es nicht sind!

Ein Zen-Sprichwort sagt: »Wer keine Fehler machen will, der will sich nicht verbessern und der will nicht wachsen!«

Wie stark unsere eigene Fehlerkultur ausgeprägt ist, hängt davon ab, wie wir die eigenen Fehler und die unserer Mitmenschen betrachten und bewerten. Ein sinnvoller Umgang mit Fehlern ist wichtig. Das meint, die Erkenntnis zu entwickeln, dass etwas »gefehlt« hat, als wir den Fehler gemacht haben. Auch das Eingeständnis, dass wir nicht perfekt sind, ist wichtig. Fehler passieren jedem von uns. Entscheidend ist nur, wie wir mit ihnen umgehen beziehungsweise ob wir überhaupt gelernt haben, mit Fehlern umzugehen.

Definieren Sie sich zum Beispiel über die Fehler der anderen? Fühlen Sie sich dadurch besser? Gönnen Sie Ihren Mitmenschen vielleicht sogar Fehler? Fühlen Sie sich überlegen, selbstbewusster oder besser, wenn Sie in bestimmten Situationen keinen Fehler gemacht haben? Wie interpretieren Sie Fehler? Bedrücken Sie Fehler aus der Vergangenheit? Blockieren oder lähmen Sie Ihre Handlungen in der Gegenwart? Wie wirkt sich Ihr Denken über Ihre Fehler auf Ihre Zukunft aus? Können Sie einen Zusammenhang erkennen?

So pflegen Sie eine gesunde Fehlerkultur:

- Haben Sie keine Angst davor, Fehler zu machen.
- Wenn Sie einen Fehler gemacht haben, hören Sie auf, sich schlecht zu fühlen.
- Geben Sie einen Fehler ohne Rechtfertigung zu. Stehen Sie dazu, und seien Sie ehrlich.
- Entschuldigen Sie sich. (Gegebenenfalls auch bei sich selbst, d. h., vergeben Sie auch sich!)
- Suchen Sie nach einer Lösung.

- Versuchen Sie, den gleichen Fehler nicht ein zweites Mal zu machen. Das bedeutet, dass Sie lernen müssen, Ihre Wahrnehmung, Ihre Achtsamkeit, Ihr Bewusstsein für den gegenwärtigen Moment zu schulen.
- Beobachten Sie, wie Sie auf Fehler Ihrer Mitmenschen reagieren.
- Seien Sie dankbar für die Fehler der anderen, und lernen Sie daraus.

Zwei Zen-Mönche befanden sich auf einer Wanderung, als sie an einem Fluss vorbeikamen, der über die Ufer zu treten drohte. Die Brücke befand sich bereits unter Wasser. Am Ufer stand eine hübsche Frau, die nicht wusste, wie sie auf die andere Seite des Flusses kommen sollte. Während der eine Mönch die nach Hilfe suchende Frau ignorierte, nahm der andere Mönch die Frau auf seine Arme und trug sie behutsam durch den Fluss. Auf der anderen Seite setzte er die Frau ab und ging ohne ein Wort zu sagen weiter. Nach einer Weile unterbrach der erste Mönch die Stille und sprach: »Wie konntest du nur unser Gelübde brechen. Du weißt doch, dass es uns Mönchen untersagt ist, eine Frau zu berühren!« Der Mönch, der die Frau ans andere Ufer gebracht hatte, antwortete ruhig: »Ich habe die Frau am Ufer des Flusses abgesetzt. Warum trägst du sie immer noch?«

Die Ethik des Zen beinhaltet Weisheit und Mitgefühl. Der Boden, auf dem diese beiden Tugenden wachsen, ist die Achtsamkeit. Daraus entsteht ein einfaches ethisches Modell für die Fehlerkultur:

- Erkennen
- Zugeben
- Versöhnen
- Vergessen
- Vergeben

Der chinesische Philosoph Konfuzius sagte: »Einen Fehler begangen zu haben und ihn nicht zu korrigieren: Erst das ist ein Fehler.«

Übernimm Verantwortung

Verantwortung
beginnt mit
deinen Antworten.

Es wurde Herbst, und die Tage wurden kürzer und kälter. Als sich die Vögel zur Überwinterung auf den Weg in den warmen Süden aufmachten, beschloss eine kleine Drossel, nicht mit ihnen mitzufliegen. Die Reise war ihr zu anstrengend, und sie konnte keinen Sinn darin erkennen, den beschwerlichen, langen Weg auf sich zu nehmen, wenn sie im Frühling, wie alle anderen Vögel auch, wieder zurückfliegen musste.
Bald darauf brach der Winter ein. Es wurde bitterkalt. Die kleine Drossel erkannte, dass sie sterben würde. Also entschloss sie sich, doch noch wegzufliegen. Kaum in der eisigen Luft, erstarrten ihre kleinen Flügel, und sie stürzte zu Boden. Zum Glück fiel der kleine Vogel in einen weichen Heuhaufen, der den Sturz etwas abfederte. Benommen und unterkühlt rollte die Drossel auf den kalten, harten Boden des Kuhstalls, wo sie reglos liegen blieb.
Als das kleine Herzchen gerade aufhören wollte zu pochen, ließ eine Kuh einen warmen, dampfenden Fladen auf die Drossel fallen. Der lebensrettende Dung erwärmte den kleinen Vogel so, dass seine Flügel auftauten und sein Herz wieder kräftiger zu schlagen begann. Die Dros-

sel war überwältigt und so glücklich darüber, noch am Leben zu sein, dass sie vor Freude und Dankbarkeit ein schönes Lied sang. Durch den fröhlichen Gesang wurde die Katze des Bauern auf den kleinen Vogel aufmerksam. Unbemerkt näherte sie sich dem Kuhfladen. Vorsichtig begutachtete sie ihn, entdeckte den Vogel, und mit einem Bissen fraß sie ihn auf.

Wir lernen aus der Geschichte Folgendes: Es ist nicht jeder zwangsläufig unser Feind, nur weil er uns mit Mist bewirft. Es ist aber auch nicht jeder zwangsläufig unser Freund, nur weil er uns aus einer schwierigen Lage befreit!
Eine chinesische Weisheit besagt: »Es ist nicht schwer, etwas zu wissen. Schwer ist es, nach dem Wissen auch zu handeln.«

Freiheit bedeutet Selbsterkenntnis verbunden mit Verantwortung für sich selbst. Doch was heißt es konkret, wenn man für sein Leben selbst verantwortlich ist? Es meint, dass wir damit aufhören müssen, unserem Umfeld oder den äußeren Faktoren die Schuld für unsere Probleme oder unsere Unzufriedenheit zu geben. Wir sind dazu aufgefordert, unsere Bedürfnisse kundzutun und nicht darauf zu warten, dass unsere Familie, unser Partner, unser Chef oder die Freunde uns unsere Wünsche von den Augen ablesen. (Sie sind dazu auch gar nicht in der Lage, außer sie sind alle Hellseher!) Es bedeutet auch, Entscheidungen zu treffen und die Wirkungen, d. h. die Konsequenzen daraus, zu tragen.

Ein wichtiger Aspekt im Zusammenhang mit der Eigenverantwortlichkeit ist es, den Anspruch an sich selbst nach Perfektion und Fehlerlosigkeit loszulassen. Diese Einstellung fördert die Fähigkeit, Entscheidungen zu treffen, Entschlüsse zu fassen und zu handeln. Verantwortung zu übernehmen heißt auch, offen zu seinen Fehlern zu stehen, die Wahrheit zu sagen und die eigene Meinung zu vertreten, die nicht immer im Einklang mit allen anderen sein muss. Es beinhaltet das Recht, Grenzen zu setzen und Nein zu sagen, auch ohne Rechtfertigungen. Es heißt auch, das Verlangen abzulegen, von allen Menschen geliebt zu werden. Ein sehr wichtiger Punkt: Verantwortung zu übernehmen bedeutet, nicht für die Gefühle, Empfindungen und Gedanken anderer Menschen verantwortlich zu sein. Im Gegenzug müssen wir auch nicht den Erwartungen anderer entsprechen, denn es sind die Erwartungen der anderen!

Stellen Sie sich folgende Fragen:

- Wann habe ich das letzte Mal die Verantwortung für eine Situation oder ein Ereignis in meinem Leben an andere abgeschoben?
- Wann habe ich das letzte Mal anderen Menschen, dem Umfeld oder den Umständen die Schuld bzw. die Verantwortung für meinen Fehler oder meine falsche Entscheidung gegeben?
- Wann habe ich das letzte Mal gehofft, vertraut oder erwartet, dass mich andere Menschen glücklich machen, meine Wünsche erfüllen oder meine Bedürfnisse befriedigen?
- Wann habe ich das letzte Mal gedacht, dass ich nicht verdient habe, was ich bekommen habe?
- Wann habe ich zum letzten Mal gedacht, dass ich mehr verdient habe, als das, was ich bekommen habe?

Der Weg des Zen fordert Sie dazu auf, die Bereitschaft zu entwickeln, die Verantwortung für Ihr Denken, Fühlen und Handeln zu übernehmen. Erst wenn Sie in der Lage sind, Ihre Eigenverantwortung ernsthaft wahrzunehmen, wird es Ihnen gelingen, auch Verantwortung für andere Menschen und die Umwelt zu tragen.

Der Schüler fragt den Meister: »Warum lebe ich?«

Der Meister antwortet: »Du hast es so gewollt!«

Du siehst, was du sehen willst

Bewusste
Wahrnehmung
verändert alles.

Es ist wichtig, dass wir uns über unsere Gewohnheitsstrukturen und Wahrnehmungsprozesse Klarheit verschaffen, denn nur so haben wir einen Einfluss auf unser Leben. Eine verzerrte Wahrnehmung der Wirklichkeit, also eine subjektive Wahrheit, hält uns gefangen und behindert den freien Fluss. Wir alle haben Hoffnungen und Erwartungen, die willentlich und unwillkürlich unser Denken, Fühlen und Handeln in eine bestimmte Richtung lenken. Vor allem bewusste und unbewusste Ängste wirken sich auf unsere Denk-, Gefühls- und Handlungsmuster aus. Lesen Sie selbst:

In einem chinesischen Dorf lebte eine alte Frau. Die Bewohner des Dorfes gaben ihr den Spitznamen »Weinendes Weib«, weil sie immer weinte, egal, ob es regnete oder die Sonne schien. Ein Zen-Meister besuchte das Dorf und begegnete auch der alten Frau. Er fragte sie, weshalb sie immer weine. Sie antwortete: »Meister, ich habe zwei Töchter. Die Jüngere verkauft Regenschirme, die Ältere Strohschuhe. Wenn es regnet, dann denke ich an meine ältere Tochter, die keine Strohschuhe verkaufen kann, weil das Wetter schlecht ist. Wenn die Sonne scheint, dann denke ich an meine jüngere Tochter, die keine Regenschirme verkaufen kann, weil das Wetter gut ist!« Der Zen-Meister erwiderte darauf: »Ab heute denkst du an deine jüngere Tochter, wenn es regnet, und bist glücklich darüber, dass sie Regenschirme verkaufen kann. Wenn die Sonne scheint, dann denkst du an deine ältere Tochter und freust dich darüber, dass sie Strohschuhe verkaufen kann!« Nach der Begegnung mit dem Meister weinte die Frau an keinem Tag mehr. Sie lächelte, wenn die Sonne schien, und sie lächelte, wenn es regnete. Und schon bald wurde ihr im Dorf der Spitzname »Lächelndes Weib« verliehen.

In der Zen-Lehre unterscheidet man zwischen der gewöhnlichen Wahrnehmung und der erleuchteten Wahrnehmung. Die normale, gewöhnliche Wahrnehmung nimmt die Welt, die Wirklichkeit, nicht so wahr, wie sie tatsächlich ist. Unser Ego projiziert eigene Bilder auf alles und jeden. Dies ist eine subjektive Wahrnehmung der Realität. Ein klares, waches, direktes Erkennen dessen, was wirklich ist, ist unmöglich. Das erleuchtete Bewusstsein hingegen nimmt die Dinge wertfrei wahr, d. h. so, wie sie tatsächlich sind.

Das bedeutet, dass unser Alltagsbewusstsein alles durch einen Filter wahrnimmt und wir durch unsere Anhaftung und unsere Bewertung unsere Wahrnehmung der Ereignisse und der Welt subjektiv gestalten und interpretieren. Durch die Hirnforschung wird bestätigt, dass unser Hirn bestimmt, wie uns die Welt erscheint! Wahrnehmung ist demzufolge immer ein aktiver Prozess. Und der historische Buddha sagte bereits vor 2 500 Jahren: »Es ist unser Geist, der die Welt erschafft.«

Wir werden tagtäglich mit Datenmengen, Informationen und Sinneseindrücken überflutet. Unser Gehirn verarbeitet diese aufgrund unserer Erwartungshaltungen, Erziehungsmuster, Hoffnungen, Wünsche, Bedürfnisse, Ängste und Sorgen. Dieser Prozess filtert und beeinflusst unsere Wahrnehmung und entscheidet darüber, was und wie wir sehen, fühlen, hören, erfahren und empfinden. Ein altes chinesisches Sprichwort sagt: »Kontrolliere deine Gedanken, und du kontrollierst dein Leben.«

Fazit:

- Jeder Mensch denkt, fühlt, handelt und lebt nach seiner Wahrnehmung, d. h. nach seiner Wahrheit. Also: Versuchen Sie, niemanden von etwas zu überzeugen oder ihn zu verändern!
- Alles ist einer stetigen Wandlung, einer Veränderung unterworfen. Nichts bleibt so, wie es ist. Also: Lernen Sie loszulassen.
- Wenn man seine Wahrnehmung verändert, verändert man seine Wahrheit. Also: Sie sind, was Sie denken. Erkennen Sie, dass nur Sie die Verantwortung für Ihr Leben tragen und nur Sie in der Lage sind, Ihr Leben zu verändern.

Glück ist eine Sache deines Denkens!

Bevor wir uns nun weiteren wichtigen Themen des Lebens widmen, fasse ich nochmals kurz die essenziellen Punkte zusammen, die Ihnen helfen, die geistigen Energieverluste und Blockaden in den Griff zu bekommen:

- Hören Sie auf, es allen recht machen zu wollen.
- Pflegen Sie eine Fehler- und Konfliktkultur.
- Übernehmen Sie Verantwortung.
- Verändern Sie Ihre Wahrnehmung.

Freizeit, die freie Zeit

Wenn du **keine** Zeit hast, ist es Zeit, dir **welche** zu nehmen.

Freizeit, ist die Zeit, die wir zur freien Verfügung haben. Es sind die Momente im Alltag, in denen wir keine Aufgaben mehr zu erledigen haben. Wir dürfen etwas tun, müssen es aber nicht tun. Das bedeutet, dass wir grundsätzlich frei von Verpflichtungen sind. Wie wir unsere Freizeit gestalten können, hängt maßgeblich davon ab, was und wie viel wir geleistet haben und wie unsere ganz persönliche Einstellung zu den Themen Pausen, Freizeit, Arbeit, Leistung, Konkurrenz und Erfolg ist. Das bedeutet, dass unsere innere Haltung darüber entscheidet, ob wir es uns überhaupt gestatten, unsere Freizeit frei zu gestalten, das meint, ob wir in der Lage sind, unsere Freizeit frei von Zwängen und Erwartungen auszurichten!

Viele Menschen packen auch Ihre Freizeit mit Terminen, Verpflichtungen und Aufgaben zu. Dann wird die Freizeit zu einem weiteren Pflichtakt, und wir hören uns Sätze sagen, wie z. B. »Ich muss noch in den Garten …«, »Ich muss noch mit dem Hund raus …«, »Ich muss noch eine Stunde joggen …«, »Ich muss dieses Buch zu Ende lesen …«, »Ich muss Englisch lernen… «, »Ich muss noch einen Kuchen backen …«, »Ich muss bei diesem schönen Wetter raus …«, »Ich muss, ich muss …!«

Manche Menschen erfahren sogar ein Gefühl der Beklemmung, der Unruhe und der Unsicherheit, wenn nicht immer etwas los ist. Oder Sie haben ein schlechtes Gewissen, wenn Sie einfach einmal nichts tun. Freizeit bedeutet auch, dass Sie lernen, sich von den Fesseln der Gebundenheit zu lösen: Radio, Fernsehen, Zeitungen, Internet, Facebook, Twitter und Co. Seien Sie nicht immer erreich- und verfügbar. Wählen Sie bewusst aus, und lassen Sie sich nicht andauernd von andern auswählen. Haben Sie den Mut, Prioritäten zu verändern!

Ihre Freizeit soll Ihnen als Kraftquelle dienen. Sie sollte frei von Erwartungen, Zwängen und Pflichten sein. Das bedeutet, dass Sie lernen müssen, sich auf das Wesentliche zu beschränken, um sich nicht in der Vielzahl der Aktivitäten zu verlieren. Das Angebot an Möglichkeiten ist heutzutage enorm. Wer die Wahl hat, hat bekanntlich auch die Qual, und das trifft hier ganz besonders zu. Wir haben verlernt, Verzicht zu üben, und etwas nicht zu bekommen bedeutet in unserer Gesellschaft, versagt zu haben.

Die Angst davor, etwas zu verpassen, nicht dabei zu sein oder nicht mitreden zu können, ist allgegenwärtig und treibt uns auch in der Freizeit stetig an. Diese Haltung ist weder für unseren Körper und Geist noch für unser Umfeld gesund. Denn meist belasten wir nicht nur uns selbst mit dieser Einstellung, sondern übertragen sie auch auf unseren Partner oder unsere Freunde. Das bedeutet: Wenn ich mir schon keine Pause gönne, dann darf er oder sie es auch nicht! Wenn ich schon Sport treibe, dann muss er oder sie es auch tun. Wenn ich den Garten umgrabe, soll er oder sie mir dabei helfen. Wenn ich immer per Handy erreichbar bin, dann müssen es alle anderen auch sein, usw. Aus den eigenen Zwängen werden Erwartungshaltungen, die dann auf das Umfeld übertragen werden. Die Folgen sind Stress, Ärger, Unzufriedenheit, Missstimmungen, Überforderung, Depressionen bis hin zum Burn-out-Syndrom.

Viele Menschen »benutzen« die Freizeit auch, um sich zu zerstreuen, um zu vergessen oder um sich von der Arbeit oder sonstigen Verpflichtungen abzulenken. Es hat sich sogar etabliert, dass man einer gut bezahlten Arbeit nur deshalb nachgeht, damit man seine Freizeit noch verrückter und abwechslungsreicher ausfüllen kann. Der Kick, die Befriedigung und die Freude, die beim Beruf (der Berufung!) fehlen, werden über die Gestaltung der Freizeit kompensiert!

[Ein Zen-Meister nahm an einer Bestattung einer seiner Schüler teil. Als er die vielen Leute im Tempel beobachtete, die hinein- und herausgingen, sagte er leise und klagend: »Ein Lebender wird von so vielen Toten begraben.«]

Auf dem Zen-Weg geht es vor allem darum, sich selbst zu erkennen und dadurch tiefe innere Zufriedenheit und anhaltendes Glück zu erfahren, die nicht von äußeren Umständen abhängig sind. Auf die Gestaltung oder Aktivität in der Freizeit übertragen, bedeutet das:

- Schaffen Sie einen Ausgleich für Körper und Geist.
- Suchen Sie keine Ablenkung oder Zerstreuung, sondern schulen Sie Ihre Bewusstheit und Achtsamkeit.
- Aktivität und Passivität stehen in einem sinnvollen und förderlichen Wechsel zueinander.
- Anspannung und Entspannung bedingen sich gegenseitig.
- Weniger ist mehr.
- Klären Sie die Frage, was wirklich wichtig für Sie ist.
- Freude ist der Motor des Lebens.
- Erkennen Sie Kompensationen, und beheben Sie die Ursachen.
- Handeln Sie eigenverantwortlich.
- Kommen Sie gedanklich zur Ruhe.
- Verplanen Sie nicht Ihre Zeit, sondern schaffen Sie sich Freiräume.
- Erlauben Sie sich selbst, auch einmal ganz bewusst nichts zu tun.
- Lassen Sie Langeweile zu, und lernen Sie, sie auszuhalten.
- Überprüfen Sie Ihre Pflichtveranstaltungen (Einladungen).

- Überprüfen Sie Ihre Zwänge (Konsumgüter, Aktivitäten, TV, Internet usw.).
- Werden Sie sich Ihrer Wünsche und Bedürfnisse bewusst, und handeln Sie danach.

Als spirituelle Kraft hat Zen die Entwicklung der meisten Kunstformen in China und Japan nachhaltig geprägt. Man spricht von den Wegen des Zen und meint zum Beispiel:

- den Weg der Kalligrafie
- den Weg der Dichtung
- den Weg der Tuschemalerei
- den Weg der Blumenkunst
- den Weg der Gartenkunst
- den Weg der Architektur
- den Weg der Teezeremonie
- den Weg der Kampfkunst
- den Weg der Schwertkunst
- den Weg des Bogenschießens
- den Weg des Räucherns
- den Weg der Bambusflöte

Diese künstlerischen Ausdrucksformen sind Techniken und Methoden, um die Wahrheit und die tiefe Natur aller Wesen und Dinge zu erfahren und zu durchdringen. Der Herz-Geist kann also mit allem und durch alles praktiziert und vertieft werden. Erleuchtung ist eine innere Erfahrung und somit nicht von äußeren Umständen abhängig.

Das bedeutet im Grundsatz, dass jede noch so banale Tätigkeit, die Sie im Geist und Sinn des Zen ausführen, die Kraft hat, Sie zu innerer Ruhe, zu Gelassenheit, zu Harmonie und zum Verständnis der Welt zu bringen.

Die Künste des Zen, die Zen-Wege, bestechen durch folgende Eigenschaften:

- Klarheit
- Einfachheit
- Direktheit
- Konzentration auf das Wesentliche
- Natürlichkeit

In ihrem Wesenskern vermitteln sie:

- Harmonie
- Achtsamkeit
- Kreativität
- Wahrheit
- Frieden
- Demut
- Respekt
- Intuition
- Reinheit
- Wertschätzung
- Erkenntnis
- Weisheit

Mittlerweile üben sich auch viele westliche Zen-Schüler und Zen-Meister auf einem oder mehreren dieser Zen-Wege. Denn alle Künste beinhalten neben der rein technischen Form auch einen meditativen Aspekt, der den Geist schult und das Bewusstsein erweitern kann. Im Endeffekt geht es in den Zen-Künsten darum, dass der Künstler oder die Künstlerin durch die Praxis das Verständnis der eigenen Existenz und der Natur der Wirklichkeit klären kann.

Fazit:

Verstehen Sie Freizeit als Gegengewicht zu Ihrem Beruf, und achten Sie darauf, dass Ihnen diese Auszeit Lebensfreude, körperliche und geistige Erholung und Bewusstheit schenkt. Tappen Sie nicht in die Freizeitfalle, indem Sie das Leistungs- und Pflichtdenken auch in Ihr Privatleben übertragen. Beobachten Sie Ihre individuellen Bedürfnisse. Das Gefühl der Freude ist dabei ein wichtiges Barometer!

Was ist das Ziel hinter deinem Ziel?

Shopping

Sei dir selbst
genug.

Der taoistische Meister Laotse, der im 6. Jahrhundert v. Chr. in China lebte, sagte treffend: »Wer weiß, dass er genug hat, ist reich.« Wir verhalten uns im Alltag aber oft genau umgekehrt. Wir schreiten von Wunsch zu Wunsch und nicht von Freude zu Freude. Die Einkaufsstraßen, die Shoppingcenter und die Werbeindustrie machen uns permanent auf das aufmerksam, was wir nicht haben. Sie alle zeigen mit dem Finger auf das, was uns vermeintlich fehlt. Wir leiden an der Illusion des Mangels, obwohl die meisten von uns im Überfluss leben.

Eine junge Frau fragte die Meisterin: »Was ist die wichtigste Lehre im Leben?« Die Meisterin erwiderte darauf: »Mit leeren Händen kommen und mit leeren Händen gehen!«

Das Problem besteht darin, dass wir normalerweise erst dann zufrieden sind, wenn wir genug haben. Im Augenblick der Zufriedenheit haben wir genug! Unsere antrainierte Mangelmentalität spielt uns aber vor, dass genug nicht gut genug ist. Und so ist das Glück nur von kurzer Dauer.

»MANGELTYPEN« glauben zum Beispiel daran, dass ihnen im Leben immer etwas fehlt. Sie vertreten die Ansicht, dass es von allem zu wenig hat. Zu wenig Arbeit, zu wenig Geld, zu wenig Sicherheit, zu wenig Essen, zu wenig Gesundheit, zu wenig Informationen, zu wenig Anerkennung, zu wenig Liebe, zu wenig Freunde, zu wenig Pausen, zu wenig Dankbarkeit, zu wenig Recht, zu wenig Sonne, zu wenig Ferien usw. Sie haben das Gefühl, dass sie immer etwas verpassen und leben in ständiger Angst, dass sie zu kurz kommen. Daraus entstehen das typische Hamstern und der Wunsch, noch mehr besitzen zu wollen. Gier schafft Neid, Missgunst, Streit und Krieg. Egoistisches Denken, Fühlen und Handeln sind die logischen Verhaltensweisen des Mangeltypen.

Dann gibt es auch die »ÜBERFLUSSTYPEN«. Sie verlieren sich in der Vielzahl von Möglichkeiten und können sich nur schwer für etwas entscheiden. Ihr Grundsatz lautet: »Wer die Wahl hat, hat die Qual.« Sie sind der Überzeugung, dass wir von allem viel zu viel haben. Zu viele Kommunikationsmittel, zu viele TV-Sender, zu viele Kaffeesorten, zu viele Urlaubsangebote, zu viele Menschen, zu viele Fitnesscenter, zu viele Weiterbildungsangebote, zu viele Automarken usw. Auch sie haben das Gefühl, dass sie immer etwas verpassen. Denn wenn sich der Überflusstyp für eine Sache entscheidet, hat er sich gleichzeitig gegen alles andere entschieden. Auch hier entsteht das Gefühl, immer verzichten zu müssen und nie alles bekommen zu können. Unzufriedenheit, Unruhe und Unsicherheit sind die Folge.

Zen lehrt uns, die Aufmerksamkeit auf die Gegenwart zu lenken, auf das, was jetzt gerade ist. Zen zielt darauf ab, unseren Fokus auf die Fülle und die Vollkommenheit des Augenblicks zu lenken, und schult unsere Wahrnehmung für den Moment. Diese Geisteshaltung hilft uns, das Wesentliche vom Unwesentlichen zu unterscheiden. Wir lernen, wieder bewusst Nein zu sagen, und fühlen uns dabei gut. Wir finden den Weg der

Mitte. Wir bekommen genug! Der griechische Philosoph Epikur, der im 4. Jahrhundert v. Chr. lebte, meinte diesbezüglich knapp: »Wem genug zu wenig ist, dem ist nichts genug.«

Der »GENUGTYP« beherrscht die Kunst des Aufhörens. Genügsamkeit ist der Grundbaustein für ein zufriedenes, harmonisches und glückliches Leben. Es ist eine innere Haltung, die bezeugt, dass es für uns alle genug gibt. Diese Einstellung fördert die Fähigkeit loszulassen und hilft uns, von Grund auf gelassener und entspannter zu leben. Der Genugtyp ist sich selbst genug. Er weiß, dass in der Genügsamkeit die Fülle liegt. Das Maß und die Mitte bestimmen seine Lebensweise. Der Genugtyp hat sich von dem Motto »Genug ist immer ein bisschen mehr, als man hat« gelöst. Genügsamkeit ist eine Kraft, die wahre Freiheit und Selbstbestimmung hervorbringt.

Buddha beschrieb das Maß, den mittleren Weg, mit folgendem Gleichnis: »Wenn die Saite der Sitar zu stark gespannt ist, wird sie reißen. Wenn die Saite zu wenig gespannt ist, entsteht kein schöner Ton. Nur wenn die Saite nicht zu wenig und nicht zu stark gespannt ist, erzeugt sie einen wunderschönen Ton. Deshalb ist der Weg zwischen den Extremen der mittlere Weg. Das ist der rechte Weg.«

In einer kleinen Provinz im Süden Chinas bot der Bürgermeister jedem Dorfbewohner eine Belohnung von 50 Goldstücken an, der einen Vorschlag machen könnte, wie das Dorf Geld einsparen könne. Der Zen-Meister ging als Erster zum Bürgermeister und schlug vor:

»Streichen Sie die Belohnung!«

NKAS NAUDAS ZĪME
20
AS BANKAS NAUDAS ZĪME
20
S BANKAS NAUDAS ZĪME
20
268 L

Geld

Wahrer Reichtum
ist eine Frage der
inneren Haltung.

Ein reicher Mann nahm seinen Sohn auf einen kleinen Ausflug aufs Land mit. Es war ihm ein tiefes Anliegen, seinem Sohn zu zeigen, wie die armen Leute lebten. Und so verbrachten die beiden einen ganzen Tag und eine ganze Nacht bei einer sehr armen Familie, die auf einer einfachen und bescheidenen Farm lebte. Nachdem sich Vater und Sohn von der Familie verabschiedet hatten und sich auf den Heimweg machten, erkundigte sich der Vater bei seinem Sohn: »Und, wie war dieser Ausflug?« Der Sohn antwortete: »Oh, sehr eindrücklich!« Darauf der Vater: »Dann hast du also gesehen, wie arm manche Menschen sein können?« – »Ja, Vater, das habe ich erkannt!«, erwiderte der Sohn. »Und was hast du daraus gelernt?«, wollte nun der Vater wissen. Der Sohn gab zur Antwort: »Ich habe gesehen, dass wir zu Hause einen kleinen Hund haben, und die Bauern haben drei. Wir haben einen Swimmingpool, und sie haben einen großen See. Wir haben eine schöne Beleuchtung im Garten, und sie haben alle Sterne am Himmel. Unser Grundstück reicht bis zum Vorgarten, sie haben den ganzen Horizont!« Der Vater war sprachlos, und der Sohn ergänzte: »Ich bin dir sehr dankbar, Vater, dass du mir gezeigt hast, wie arm wir sind.«

Dass sich unser persönlicher, menschlicher Wert nicht nach der Höhe unseres Bankkontos ermitteln lässt, ist für viele Menschen klar. Trotzdem verhalten wir uns manchmal so, als könnten wir uns mit Geld Anerkennung, Zufriedenheit, Glück, Liebe, Erkenntnis oder Macht kaufen.
So wie unsere Gesellschaft zurzeit aufgebaut ist, benötigen wir Geld. An dieser Tatsache ist im Grundsatz nichts auszusetzen. Die Frage, die sich aber stellt, ist: Wie viel Geld benötigt jeder von uns? So viel, bis unsere Grundbedürfnisse gestillt sind? Wir zwei Autos besitzen? Ein Ferienhaus im Süden und eine Yacht auf dem Mittelmeer unser Eigen nennen können? Wir alle unsere Wünsche erfüllt haben?

Das Dhana-Prinzip setzt den Glauben an die Verbundenheit aller Menschen voraus. »Dhana« bedeutet »Großzügigkeit« und meint im Kontext mit Zen eine Geldspende. Im Zen heißt es: »Tu, was du tun kannst. Gib alle Kraft, die du hast, ohne über Gewinn oder Verlust nachzudenken.« Diese Aussage bezieht sich nicht nur auf den Umgang mit Geld, sondern fordert uns auch dazu auf, bedingungslos zu denken, zu fühlen, zu handeln und zu leben. Man kann also auch in einem größeren Zusammenhang von Dhana sprechen, wenn jemand seine Hilfe anbietet, sein Wissen teilt, ein Geschenk macht oder seine Zeit zur Verfügung stellt.

Was bedeutet der »richtige«, der sinnvolle Umgang mit Geld:

- Entwickeln und pflegen Sie einen großzügigen und mitfühlenden Geist.
- Seien Sie zufrieden mit dem, was Sie haben.
- Lassen Sie Geld fließen.
- Seien Sie sich der gegenseitigen Abhängigkeiten bewusst.
- Teilen Sie, und vermindern Sie Leid.
- Erkennen Sie Gier und die ihr zugrunde liegenden Ursachen.
- Entwickeln Sie das Bewusstsein dafür, dass Geld nicht alle Probleme löst.

Der allgemeine Wohlstand ist wichtig und richtig. Kein Mensch darf Hunger leiden, denn es gibt für alle genug. Es liegt an uns, mit unserem ganz persönlichen Verhalten wirtschaftliche Ungerechtigkeiten zu erkennen und ihnen mit Mitgefühl, Weisheit und Großzügigkeit entgegenzuwirken. Die Kontrolle über die Gier ist entscheidend, denn sie ist die wichtigste Antriebskraft für Leid! Ich meine die Gier nach mehr, immer mehr: Geld, Zinsen, Wohlstand, Profit, Fortschritt, Evolution und Macht. Die Maxime lautet: Nur mehr ist besser! Wir müssen lernen, mit unserer Gier verantwortungsvoll und bewusst umzugehen. Ziel im Zen ist es, die Gier vollständig zu überwinden. Gier gilt als eines der drei Geistesgifte und ist neben Hass und Verblendung die Hauptursache für unser Leiden, unsere Unzufriedenheit und unser Streben nach Glück!

Es reicht nicht aus, wenn inhaltlose Floskeln wie zum Beispiel »Geld macht nicht glücklich« oder »Geld ist nicht alles« Ihren Geist besetzen. Sie müssen »das Wesen« des Geldes tief durchdringen und erkennen, was Geld tatsächlich macht. Was Sie über Geld denken, was Geld für Sie bedeutet, was Geld ganz konkret in Ihnen auslöst, was Geld mit Ihnen macht!

Ein Zen-Schüler erkundigt sich bei seinem Meister:
»Sind Besitz und Geld erstrebenswert?«

Der Meister antwortet:
»Einigen gehört die ganze Welt,
anderen nur ein Teil davon.«

Liebe und Partnerschaft

Eine Partnerschaft im Zen-Gedanken zu führen bedeutet, am Wachstum des anderen teilzuhaben. Buddha sprach von einem gemeinsamen geistigen Unternehmen, das beide Partner eingehen. Ähnlich wie bei einem geschäftlichen Unternehmen ist auch das private störanfällig und unterliegt gewissen Risiken. Eine Partnerschaft entsteht aus dem Bedürfnis nach einem Du, nach Zuwendung, Gesellschaft, Verständnis und Liebe. Wir alle suchen nach einer Ergänzung, die unser Ich, unsere Person komplett, vollständig, ganz macht.

Liebe und Partnerschaft sollen als Grundlage für Ihr persönliches Wachstum und Ihre individuelle Entwicklung dienen. Eine wahre Partnerschaft einzugehen bedeutet in erster Linie, zu geben, zurückzustecken, zu pflegen und Kompromisse zu machen. Es meint, Teilen im großen Sinn: den Körper, die Gedanken, Weltanschauungen und Ziele. Eine Partnerschaft hat dann eine Zukunft, wenn beide zusammen für etwas Höheres und Besseres leben. Gemeinsam etwas bewegen, verändern und erreichen ist das, was eine gute, stabile, zufriedene und lang anhaltende Beziehung ausmacht.

Nur die Zeit versteht, wie wichtig die Liebe ist.

Liebe ist immer das, was Sie daraus machen. Liebe kann großzügig, freigiebig und unterstützend sein. Liebe kann aber auch erwarten, binden, einschränken und kontrollieren. Liebe kann Ihre Partnerschaft wachsen lassen oder sie töten. Liebe kann Sie stärken oder schwächen. Sie kann das Gute, aber auch das Schlechte in Ihnen herausholen. Liebe kann Ihre Augen öffnen oder Sie blind machen. Liebe kann Sie frei oder abhängig machen. Eine Beziehung, die Ihnen weder körperlichen noch geistigen Schmerz und Schaden zufügt, ist eine gute Beziehung. Eine Partnerschaft, die Sie vollkommener, also zu einem besseren Menschen macht, ist eine wirkliche Partnerschaft.

Viele Menschen haben hohe Anforderungen und Erwartungen an ihren Partner und die Beziehung. Sie beschäftigen sich andauernd mit der Frage, was der Partner tun kann, damit es ihnen selbst besser geht. Auf dem Weg des Zen ist das aber genau der falsche Ansatz. Geben ist die wichtigste Eigenschaft in einer zwischenmenschlichen Beziehung. Aus ihr wachsen Freiheit und Verantwortung. Mit Geben meint man in der Lehre des Zen, dem Partner Liebe, Mitfreude, Mitgefühl und Gleichmut entgegenzubringen. Das sind die vier unermesslichen Tugenden, die für eine erfüllte Partnerschaft unabdingbar sind.

Es kam vor, dass früher in den Klöstern auch psychisch kranke Menschen Zuflucht fanden und von den Zen-Meistern behandelt wurden. Als ein neuer Mönch mit dem Abt einen Rundgang durch das Kloster machte, vernahm er hinter einer verschlossenen Tür die Stimme eines Mannes, der wehmütig rief: »Oh, Yoko, Yoko, Yoko!« Der Mönch wollte vom Abt wissen, welches Problem der Mann habe. Der Abt antwortet: »Yoko war seine wahre große Liebe. Sie aber hat seine Liebe nie erwidert!« Nach ein paar Schritten hörte der Mönch wieder eine Stimme, die ebenfalls verzweifelt schrie: »Oh, Yoko, Yoko, Yoko!« Und wieder erkundigte sich der Mönch beim Abt: »Hat der Mann das gleiche Problem mit dieser Yoko?« Der Abt antwortete: »Ja, das ist der Mann, dessen Liebe Yoko erwidert und den sie geheiratet hat!«

Wie oft entdecken wir, dass sich Menschen mit ihrem Partner vergleichen, ihn bewerten und eigene Fehler verleugnen. Je länger sie in einer Beziehung leben, desto unaufmerksamer werden sie. Aus ungeklärten Situationen entstehen Missverständnisse, und die Wirklichkeit wird falsch interpretiert. Daraus erwachsen Unwissenheit, Anhaftung und Widerstand. Das sind die drei Geistesgifte, die zu Lügen, Streit, Neid, Missgunst und Eifersucht in einer Partnerschaft führen. Viele setzen sich aber auch über ihren Partner hinweg. Sie bestimmen und behalten so die Kontrolle über sein Denken, Fühlen und Handeln.
Der Tod einer Beziehung stellt sich dann ein, wenn einer von beiden das Gefühl hat, er sei weiter auf dem Weg als der andere! Im Zen ist diese Aussage paradox. Wo kein Weg ist, wie kann da einer weiter sein als der andere? Ein spiritueller Wettbewerb ist das Ende jeder Partnerschaft und zeigt lediglich auf, dass derjenige, der verkündet, weiter zu sein als sein Partner, in Wahrheit in seiner spirituellen Armut ertrinkt!
»Gemeinsam stärker und besser zum Wohle aller Wesen.« Das ist das Zen-Beziehungsmotto. Eins und eins geben dann mehr als nur zwei! Das meint, dass sich Partner Rücken an Rücken stellen und sich stärken, wenn Schwierigkeiten oder Probleme auftreten, und Seite an Seite gehen, wenn alles rundläuft. Den Blick, das Herz und den Geist in die gleiche Richtung gewandt, bedingungslos geben, sich mit und für den Partner freuen können, Offenheit, Respekt, Verantwortungsbewusstsein sich selbst und dem anderen entgegenbringen und kritikfähig sein, all das sind die wichtigsten Eigenschaften, die das Unternehmen Partnerschaft zum »Erfolg« führen!

Ein Schüler fragte seinen Zen-Meister: »Bitte erkläre mir, was ist das Wesen der Liebe?«

Der Meister gab zur Antwort: »Keine Lust.«

Kinder, Erziehung und Co.

> Ohne
> Glaubwürdigkeit
> erfährt man
> keinen Respekt.

Jeder von uns kommt früher oder später einmal mit Kindern in Kontakt. Sei es durch die Geburt des eigenen Kindes oder durch Freunde, Nachbarn, den Beruf oder in der Freizeit, im Restaurant, im Urlaub. Es ist wichtig, dass wir lernen, wie wir mit Kindern umgehen können, ohne dass wir uns selbst aufgeben oder verstellen müssen. Kinder haben die Gabe, uns entweder Energie zu geben oder uns Energie zu rauben. Es liegt maßgeblich an unserem Verhalten und an unserer inneren Einstellung, für welches Verhalten Kinder sich entscheiden!
Achtsamkeit, innere Ruhe und Gelassenheit sind wichtige Eigenschaften im Umgang mit Kindern. Aus meiner langjährigen Tätigkeit als Kampfkunstlehrerin weiß ich, wie entscheidend zudem Glaubwürdigkeit und ein authentisches Verhalten im Unterricht und in der Erziehung sind. Kinder brauchen in der eigenen Entwicklung und in der Zusammenarbeit mit Erwachsenen Vorbilder, die ihnen Halt, Mut, Vertrauen und Sicherheit schenken. Sie benötigen Bezugspersonen, die ihnen etwas zutrauen und ihnen erlauben, Fehler und Erfahrungen zu machen.

Geduld, Mitgefühl, Offenheit und Liebe sind wichtige Faktoren, die ein Kind auf dem Weg zum Erwachsenwerden braucht. Genauso bedeutend ist es aber auch, dass den Kindern Grenzen gesetzt werden, die sie respektieren und einhalten müssen. Verantwortung für das eigene Verhalten zu übernehmen und die Handlungen, d. h. die Konsequenzen daraus zu tragen ist für ein gesundes emotionales und geistiges Wachstum unverzichtbar.

Die inneren und die äußeren Qualitäten müssen gleichermaßen gefördert, unterstützt und entwickelt werden. Gewalt ist nie eine Lösung. Konsequentes Handeln hingegen schon. Das bedeutet, dass Sie zu Ihrem Wort stehen müssen. Ohne eine eigene Meinung oder eine klare Linie wirken Sie unglaubwürdig und werden zum Spielball Ihrer eigenen Inkonsequenz.
Gehen Sie mit gutem Beispiel voran, indem Sie auf eine ausgewogene Bedürfnisbefriedigung zuerst bei sich selbst achten, und als Folge davon, nicht sofort neue Wünsche und Begierden bei Ihren Kindern wecken. Erwarten Sie immer nur das von einem Kind, was auch Sie selbst erfüllen können.
Im Zen heißt es deshalb: »Geh mit gutem Beispiel voran!« Kinder imitieren, und das ständig. Kinder sollen lernen, über Schwierigkeiten, Probleme, Ängste, Zweifel und Leid sprechen zu können. Sie müssen aber auch lernen, wie man mit Emotionen umgeht. Kinder wollen ernst genommen werden, und das zu Recht. Es ist wichtig, dass sie eine Sache durchhalten oder ein unangenehmes Gefühl aushalten können.

Eine ethische Erziehung im Geist des Zen heißt vorleben! Aber wir können nur das zeigen und tun, was wir sind. In der chinesischen Kultur ist es üblich, dass Eltern, die es sich finanziell leisten können, ihre Kinder in ein Kampfkunst-Internat schicken. Dort erhoffen sie sich eine Ausbildung, die ihren Kindern Respekt und Disziplin vermittelt. In einer solchen Ausbildungsstätte werden die körperlichen und die geistigen Fähigkeiten trainiert, und die Kinder bleiben dort von wenigen Wochen bis zu mehreren Jahren.

Paradox ist, wenn ein Zen-Schüler in der Schule sitzen bleibt.

Auch in den westlichen Kampfkunstschulen steigt das Interesse der Eltern an Kursen für ihre Kinder. Kampfkunstlehrer sind für ihr konsequentes Verhalten bekannt. Man sagt ihnen einen integren Charakter nach, und man weiß um ihre körperlichen und mentalen Stärken. Eltern wünschen sich, dass ihr Kind in den Trainingsstunden das lernt, was sie zu Hause nicht oder nur unzureichend zu vermitteln in der Lage sind. Oft kommen Eltern mit klaren Anforderungen in den Unterricht und fordern, dass der Lehrer ihrem Kind Anstand, Achtung, Konzentrationsfähigkeit, Beweglichkeit, Geduld, Selbstvertrauen und ein gutes Körpergefühl vermittelt. Das ist ein schweres Unterfangen. Wie kann man mit einer Stunde pro Woche das nach- oder vorholen, was unter der Woche versäumt wird? Und trotzdem ist es erstaunlich, was 60 Minuten achtsames, geradliniges, ehrliches Training aus den Kindern hervorzubringen vermag! Das zeigt mir immer wieder von Neuem, welches unglaubliche Potenzial in den Kleinen steckt. Sie sind so voller Wissens- und Lebensdurst, wenn man ihnen Fragen stellt und ihnen dann auch wirklich zuhört. Sie lieben es, gefordert zu werden, ohne dass man sie überfordert. Fünfjährige sitzen 2 Mal eine ganze Minute in absoluter Stille und Unbeweglichkeit, obwohl die Mutter noch vor dem Training meint, dass der »Zappelphilipp« zu Hause keine zwei Sekunden zur Ruhe kommt.

Viele Eltern berichten mir, wie erschöpft sie durch den Umgang und die Aufgaben mit ihren Kindern sind. Sie bitten um Rat und fragen, wie sie zu Hause eine ähnliche Stimmung erzeugen können. Sie sind beeindruckt von dem respektvollen Umgang untereinander und der Lernbereitschaft der Kinder. Manche Eltern entdecken sogar Seiten an ihrem Kind, die sie zuvor nicht kannten. Meine Antwort lautet: »Ändern Sie nicht Ihre Kinder, sondern ändern Sie sich selbst! Und achten Sie darauf, dass Sie das, was Sie sich wünschen, auch selbst vorleben!«

Im Zen unterscheidet man bei der Erziehung nicht, ob es sich um das eigene leibliche Kind oder ein anderes Kind handelt. Jeder Mensch trägt Verantwortung im Umgang mit seinen Mitmenschen. Wir alle können und dürfen uns dieser Aufgabe, dieser Verantwortung nicht entziehen. Egal ob Großmutter, Lehrer, Nachbar, Taxifahrer, Journalist oder Kindergärtnerin, wir sind und bleiben ein Vorbild für andere, gerade auch für die Kinder.

Die Leitsätze für eine Erziehung im Geiste des Zen lauten:

- Erziehen heißt vorleben.
- Lassen Sie Kinder langsam wachsen.
- Erziehung soll Impulse geben.
- Freiheit ist für die Entwicklung wichtig.
- Fehler machen ist erlaubt.
- Liebe ist an keine Bedingung geknüpft.
- Zeiten der Ruhe sind bedeutend.
- Vermitteln Sie wahre Werte.
- Lassen Sie Langeweile Ihrer Kinder zu.
- Seien Sie sich selbst.
- Aufrichtigkeit ist der Grundstein jeder Erziehung.
- Respekt, Gelassenheit und Achtsamkeit sollen den Erziehungsalltag prägen.
- Zeigen Sie wirkliche Präsenz.
- Nehmen Sie Kinder ernst.
- Fördern Sie das Selbstvertrauen.
- Gefühle gehen vorbei.
- Alles ist dem Gesetz von Ursache und Wirkung unterworfen.
- Vermitteln Sie Geduld.
- Kinder brauchen Grenzen und Orientierung.
- Fördern Sie die Eigenverantwortung der Kinder.
- Stärken Sie das Mitgefühl und die Nächstenliebe der Kinder.
- Bieten Sie Hilfestellung bei Konfliktsituationen oder Problemen an, aber nehmen Sie den Kindern nicht alles ab.
- Kultivieren Sie Großzügigkeit, Güte, Toleranz und Gewaltlosigkeit.

Buddha lehrte, dass die Reaktion auf ein Ereignis viel wichtiger ist als das Ereignis selbst. Kinder spüren sofort, ob wir wirklich bei ihnen sind. Unsere wahre Absicht hinter der Handlung zählt. In erster Linie geht es bei der Erziehung immer um Entwicklung und Entfaltung. Leben und lernen gehören zusammen, und man hat nie ausgelernt. Wachstum und Reife entstehen durch genaues Hinsehen und nicht im Davonlaufen oder im Verdrängen. Mit dieser Haltung können wir alle einen wertvollen Beitrag leisten, wenn wir Kinder auf einem Stück ihres Lebensweges begleiten.

Ehrfürchtig betrat ein junger Mann einen buddhistischen Tempel. Er wollte dem Buddha eine Räucheropfergabe darbringen. Als er sich verneigte, bemerkte er, wie ein kleiner Spatz auf dem Kopf des Buddhas Platz nahm und sein Geschäft auf ihm verrichtete. Der weiße Kot tropfte dem Buddha über das Gesicht. Entsetzt erkundigte sich der Mann beim Tempelvorsteher: »Hat ein Spatz nicht auch die Buddha-Natur?« – »Selbstverständlich hat ein Spatz die Buddha-Natur«, gab der Abt zur Antwort. »Wieso hat der Vogel dann auf den Kopf des Buddhas geschissen?«, hakte der junge Mann nach. »Der Spatz hat seine Gründe! Oder soll er es auf den Kopf eines Sperbers machen?«

POSTAGE TWO PENCE HALFPENNY

Freunde auf dem Weg

Es reicht nicht, nur Freunde zu **gewinnen**. Beziehungen müssen **gepflegt** werden.

Wahre Freunde sind auf dem spirituellen Weg von großer Bedeutung. In der chinesischen Tradition wird auch ein Lehrer als Freund bezeichnet. Freunde sollen Ihnen als Vorbilder dienen und Ihnen unterstützend und beratend zur Seite stehen können. Buddha sagte, dass ein echter Freund ein wahrer Segen sei. Es ist aber nicht immer leicht, einen wirklichen guten Freund zu finden. Wie erkennen Sie auf Ihrem Weg, dass jemand wirklich Ihr Freund ist?

- Er sagt Ihnen die Wahrheit, auch wenn Sie unangenehm ist.
- Er strebt wie Sie nach Weisheit und Erkenntnis.
- Er ist ein guter Zuhörer.
- Er kann Ihnen Ratschläge erteilen, die frei von eigenem Nutzen sind.
- Er ist ein Vorbild und geht den spirituellen Weg.
- Er bleibt in guten wie in schlechten Zeiten an Ihrer Seite.
- Er hat keine Geheimnisse vor Ihnen.
- Er gibt mehr, als er nimmt.
- Er behält Vertrauliches für sich.
- Er trägt Verantwortung für sein Leben.
- Er kann tiefsinnige Gespräche führen.
- Er handelt achtsam.
- Er kann Fehler zugeben.
- Er kann loslassen.

Überprüfen Sie Ihr soziales Umfeld hin und wieder. Trennen Sie sich von Menschen, die Ihnen Schaden zufügen, die Ihnen unentwegt Energie rauben, die Sie erniedrigen, vom rechten Weg abbringen oder zu schlechten Handlungen anstiften wollen. Suchen Sie nach Menschen, die sich heilsam verhalten, deren Geist gesammelt ist, die ihr Bestes geben, die Sie unterstützen, die Ihnen Energie schenken, die Sie auf den rechten Weg bringen und zu positiven Handlungen motivieren.
Buddha sagte: »Es ist wichtig, dass du gute Freunde und Lehrer mit Respekt und Achtung behandelst. Sie sind deine Vorbilder. Sie können dir als Spiegel dienen, deine positiven Kräfte entwickeln und dich zur Vollkommenheit führen.« Versuchen auch Sie, ein guter Freund, eine gute Freundin zu sein, indem Sie diese Qualitäten kultivieren.

Gerade im Zen gibt es unzählige Beispiele, die den Umgang zwischen Lehrer und Schüler demonstrieren. Von außen betrachtet, erwecken die Dialoge oft den Anschein, dass die oben erwähnten Tugenden dabei keine große Rolle spielen. Man liest zum Beispiel, dass der Meister den Schüler geohrfeigt oder angeschrien hat, ihn zu einer sinnlosen Arbeit gezwungen oder aus dem Tempel vertrieben hat. Lesen Sie dazu eine von vielen Geschichten:

Nachdem ein Schüler auf einer Bildungsreise die Erleuchtung erlangt hatte, kehrte er ehrfürchtig in den Tempel seines Meisters zurück. Der Zen-Meister saß schweigend da und erwartete seinen Schüler. Der Schüler verbeugte sich vor seinem Lehrer und fiel auf die Knie. Als er seinen Kopf hob und anfangen wollte zu sprechen, verpasste ihm sein Meister 30 harte Schläge mit dem Stock. Entsetzt blickte der Schüler seinen Meister an und fragte: »Meister, ich habe doch noch gar nichts gesagt. Wieso die Stockschläge?« Der Meister antwortete: »Nur ein Wort von dir, und es wäre zu spät gewesen!«

Ein wirklicher Lehrer oder Meister sieht weiter als sein Schüler. Es ist demnach seine ethische und moralische Pflicht, so zu handeln, dass es dem langfristigen Wohl seines Schülers dient. Oft kann ein Schüler die Absicht des Meisters nicht erkennen. Er fühlt sich dann missverstanden oder unrecht behandelt und ist enttäuscht. Der wahre Lehrer weiß aber, was er tut, und nimmt in Kauf, dass ihn sein Schüler für eine gewisse Zeit nicht versteht oder ihn sogar verlässt!

Reflektieren Sie in regelmäßigen Abständen, welche Erwartungen Sie an Ihre Freunde und Lehrer richten.

- Ergreifen Sie die Flucht, wenn Sie den Erwartungen nicht entsprechen?
- Suchen Sie nach Rechtfertigungen?
- Oder schieben Sie die »Schuld« von sich?
- Ist ein guter Freund nur dann gut, wenn er Ihren Bedürfnissen entspricht oder immer Ihrer Meinung ist?
- Was bedeutet für Sie ein wahrer Freund?
- Sind Sie ein wahrer Freund für jemanden?

Spirituelle Freunde können uns als wertvolle Wegweiser auf dem Pfad dienen. Sie können uns dabei helfen, den Mut aufzubringen, uns von unseren Mustern und Gewohnheiten zu lösen. Offenheit, Hingabe und Respekt sind die Grundbedingungen, auf denen sich eine wahre freundschaftliche Beziehung entfalten kann.

Durch Verzicht die Mitte finden

Das rechte Maß
ist entscheidend.

In Extremen zu denken, zu fühlen, zu handeln und zu leben kostet Energie. Zen hat zum Ziel, durch einen bewussten Verzicht wieder den Weg zurück zur Mitte, zur inneren Kraft zu finden. Doch was ist die Mitte, das rechte Maß?

»Auf gar keinen Fall anhaften«,
sagte das Gebiss und fiel aus dem Mund.

Wenn jemand keinen Alkohol trinkt, dann ist bereits ein Glas Wein genug, um ihm die Wirkungen des Getränks auf Körper und Geist zu zeigen. Ein anderer, der täglich zwei bis drei Gläser Wein genießt, wird darüber wohl nur müde lächeln. Bei ihm bedarf es wesentlich mehr, bis er wieder eine ähnliche Wirkung verspürt wie derjenige, der noch nie Alkohol getrunken hat.

Wie findet man also zum rechten Maß zurück? Indem man eine Zeit lang ganz bewusst auf Wein, d. h. auf alkoholische Getränke, verzichtet! Denn Gewöhnung oder Anpassung hat nichts mit dem rechten Maß zu tun. Erst der Verzicht und der erneute Versuch nach dem Verzicht zeigen Ihnen auf, wo Ihre eigene Mitte, Ihr eigenes Maß, tatsächlich liegt.

Im Zen sind deshalb »Tapas« ein wichtiges Merkmal. Das Sanskritwort Tapas bedeutet so viel wie, sich im Verzicht zu üben. Dabei geht es darum, dass man willentlich für einen Tag, einige Wochen, Monate oder Jahre auf spezielle Dinge verzichtet. Es ist eine freiwillige Enthaltsamkeit für ein höheres Ziel. Beispiele für Tapas können sein, dass Sie für eine gewisse Zeit:

- keine Musik hören.
- kein Fleisch essen.
- auf Süßigkeiten verzichten.
- auf das Essen verzichten (d. h. Fasten).
- keine Zeitung lesen.
- keine Tabletten oder Rauschmittel einnehmen.
- nicht rauchen.
- das Handy nicht benutzen.
- auf den Fernseher oder das Internet verzichten.
- sich in sexueller Enthaltsamkeit üben.
- auf Ihren Besitz verzichten.
- Ihr Auto stehen lassen.
- sich von der Außenwelt zurückziehen (z. B. in Klausur gehen).
- sich im Schweigen üben.

Das sind nur ein paar Beispiele, was Verzicht oder Enthaltsamkeit bedeuten kann. Interessant und wertvoll sind Tapas immer dort, wo es uns sichtlich schwerfällt, zu entsagen und loszulassen. Es sind genau die Tätigkeiten, die wir gern wiederholen, die wir vermeintlich brauchen, um glücklich zu sein, die uns aber gleichzeitig auch abhängig machen und über die wir uns definieren!

Buddha übte sich in strengster Askese und verwarf diese auf dem Weg zur Erlösung als schädigend und nicht förderlich. Er lehrte den Weg der Mitte. Der mittlere Weg ist der Weg zwischen den Extremen, das bedeutet, die Balance zwischen übertriebenem Verzicht und ungeregeltem Genuss.

Bewusster Verzicht schult zudem die Dankbarkeit und fördert die Achtsamkeit für das, was man hat. Enthaltsamkeit für einen gewissen Zeitraum stärkt den Charakter, schult die Disziplin, macht unabhängig und frei. Echter Genuss beginnt mit dem Verzicht!

Für ein effizientes Energiemanagement ist es von großer Bedeutung, dass Sie Ihre Emotionen unter Kontrolle haben, und nicht umgekehrt. Tapas helfen Ihnen dabei und sind eine wertvolle Unterstützung auf Ihrem Weg zu mehr Energie, Kraft, Selbstvertrauen und wahrer Freiheit.

Der Umgang mit Krankheit

Freude ist die beste Medizin.

Krankheiten und Schmerzen gehören zu unserem Leben. Buddha sagte: »Geburt, Alter, Krankheit, Schmerz und Tod sind untrennbar mit dem Leben verbunden.« Es sind die Grundleiden, denen wir alle früher oder später begegnen werden. Unabhängig von Geschlecht, finanziellen Mitteln, der gesellschaftlichen Position oder der spirituellen Entwicklung: Wir werden krank, empfinden körperliche und geistige Schmerzen, wir verändern uns, wir altern und wir werden sterben. Das ist eine unumstößliche Wahrheit, eine Tatsache. Je früher Sie lernen, dieser Gewissheit bewusst in die Augen zu blicken, desto besser können Sie im Ernstfall damit umgehen.

Es ist wichtig, dass Sie eine Krankheit nicht als etwas Persönliches, etwas gegen Sie Gerichtetes wahrnehmen. Denn von den Grundleiden Geburt, Alter, Krankheit, Schmerz und Tod ist jeder Mensch betroffen. Erachten Sie hingegen auftretende Schmerzen, eine Krankheit oder einen Verlust als einen persönlichen Angriff, als einen Schlag des Schicksals oder als ungerechte Laune der Natur, dann ist es so, als fügten Sie dem Grundleiden noch ein Portion Extraleid dazu. Das heißt, Schmerzen oder eine Krankheit mögen gegenwärtig sein, doch das Leiden, z. B. Unwissenheit, Wut, Ärger, Angst, Depression oder Frustration, ist eine Zutat, die Sie eigenständig und unaufgefordert dem Grundleiden hinzufügen.

Wie oft, wie lange und wie ernsthaft ein Mensch erkrankt oder Schmerzen erfährt, ist sehr unterschiedlich. Wichtig dabei ist, dass Sie unabhängig davon eine Behandlungsform wählen, die ganzheitlich ist. Dabei sollte es sich um eine Therapie handeln, die gleichermaßen den Körper und den Geist in das Behandlungskonzept einschließt. Tun Sie Ihre physischen und psychischen Bedürfnisse kund, damit diese berücksichtigt werden. Körper und Geist bilden eine untrennbare Einheit und sind auf verschiedenen Ebenen miteinander verbunden. Das bedeutet, dass es bei einer Krankheit auch immer darum geht, den Lebensstil, die Lebensform und die Lebenseinstellung achtsam zu hinterfragen und auf ihre Richtigkeit zu überprüfen.

Krankheit ist aus der Sicht der Zen-Lehre nie eine Strafe. Einer Krankheit liegen immer mehrere Ursachen und zum Teil komplexe, ineinandergreifende Faktoren zugrunde. Es ist schwierig, wenn nicht sogar fast unmöglich, einen einzigen Auslöser für eine Krankheit zu finden und verantwortlich zu machen. Viel wichtiger ist es demnach, dass Sie beobachten, wie Sie darauf reagieren, wenn bei Ihnen eine Krankheit ausbricht, Sie einen Unfall haben oder Sie sich verletzen. Fühlen Sie sich schuldig? Oder machen Sie andere Menschen oder bestimmte Umstände dafür verantwortlich? Welche Emotionen löst eine Krankheit in Ihnen aus. Empfinden Sie zum Beispiel Scham, Wut, Trauer oder Angst? Möchten Sie so rasch wie möglich wieder gesund werden, oder »genießen« Sie eine kurze Auszeit? Können Sie Hilfe annehmen, fühlen Sie sich wohl dabei, wenn Sie umsorgt werden? Oder bringt es Sie fast um den Verstand, wenn Sie von einer anderen Person abhängig sind oder sich ihr ausgeliefert fühlen?

Auf dem Zen-Weg ist es wichtig, dass man sich, auch wenn man krank ist, auf das Hier und Jetzt, die Gegenwart konzentriert. Es nützt nichts, wenn Sie sich Vorwürfe bezüglich Ihres Verhaltens in der Vergangenheit machen. Entscheidend ist, wie Sie jetzt mit der Situation umgehen. Ihre Handlungen und Entschlüsse in diesem Moment wirken sich auf Ihre Zukunft aus. Eine Aktion bringt immer eine Reaktion hervor. Das heißt ganz konkret: Was können Sie jetzt tun, um Ihren Zustand zu verbessern? Eine Krankheit, ein Unfall oder eine Verletzung bieten Ihnen immer die Chance, Ihre geistige Haltung auf Ihrem Lebensweg zu überprüfen. Sind

Sie bereit, die Wirklichkeit, so wie sie sich Ihnen jetzt zeigt, wirklich vorbehaltlos anzunehmen? Können Sie Ihre Erwartungen loslassen? Sind Sie bereit, das unausweichliche Grundleiden zu akzeptieren und in Ihr Leben zu integrieren?
Im Herz-Geist des Zen stellt sich die Frage über Sieg oder Niederlage bei einer Krankheit nicht. Sie können nichts gewinnen und nichts verlieren! Wer aber in diesen dualistischen Dimensionen denkt, handelt und fühlt, wird noch mehr leiden, denn er erkennt die Realität der Gegebenheiten, die das Leben ausmachen, den stetigen Wandel, die unaufhörliche Veränderung nicht an.

Was ist ein schizophrener Zen-Meister?

Das ist einer, der mit dem gesamten Universum zwei ist.

Heilung im Sinn von Zen meint, die inneren und äußeren Ursachen und Umstände zu erkennen, in denen wir leben, denken, fühlen und handeln. Es geht also um die Überwindung festgefahrener Muster und Vorstellungen. Vollständige Heilung ist letztlich das Loslassen von Ideen, Erwartungen und Meinungen, die wir vom Leben, der Gesellschaft und von uns selbst haben. Aus der Sicht des Zen spricht man auch von der Auflösung der Identifikation mit einem eigenständigen Ich.
Heilung ist ganz stark an die persönliche Erkenntnisfähigkeit und die daraus resultierende Möglichkeit zur Veränderung gebunden. Heilung ist ein Prozess und fordert jeden von uns dazu auf, seine Wahrnehmung zu schulen und einen körperlichen und geistigen Weg einzuschlagen, der der Einsicht der Wirklichkeit und dem Wohle aller dient.

Im Umgang mit einer Krankheit empfehle ich Ihnen folgende Haltung:

- Akzeptieren Sie Ihren Umstand. Je länger Sie sich gegen eine Krankheit auflehnen oder sie ablehnen, desto länger leiden Sie geistig.
- Lenken Sie Ihre Aufmerksamkeit auf den Augenblick.
- Konzentrieren Sie sich auf das, was vorhanden, was da ist.
- Erkennen Sie das Wesentliche.
- Entwickeln Sie eine Grundgelassenheit allem und jedem gegenüber.
- Berücksichtigen Sie Ihre körperlichen und geistigen Bedürfnisse und Grenzen.
- Identifizieren Sie sich nicht mit Ihren Gebrechen und Gefühlen.
- Nehmen Sie medizinische oder persönliche Hilfe in Anspruch.
- Übernehmen Sie die Verantwortung für Ihre Entscheidungen.

Eine Krankheit zeigt uns auf eindrückliche Art und Weise auf, dass wir alle der Vergänglichkeit unterliegen. Diese Erfahrung kann uns zu Beginn unserer spirituellen Praxis unsicher, ängstlich, aber auch wütend und hilflos machen. Für ein erfülltes, freies Leben ist es aber unumgänglich, dass wir uns der Wahrheit über die Wandlung und der Vergänglichkeit stellen. Eine achtsame, unvoreingenommene Betrachtung des eigenen Körpers und der Gefühle ist entscheidend, um eine ungebundene und furchtlose Haltung gegenüber sich selbst, den Mitmenschen, dem Leben, einer Krankheit und dem Tod zu entwickeln.

Für Ihren Alltag im Herz-Geist des Zen bedeutet das konkret:

- Unterdrücken Sie keine Gedanken oder Gefühle.
- Klären Sie Konflikte.
- Stehen Sie zu Ihren Bedürfnissen, und äußern Sie Ihre Wünsche.
- Übernehmen Sie Verantwortung für Ihr Denken, Handeln und Fühlen.
- Das Maß der Dinge ist entscheidend.
- Bringen Sie Ihre Energie zum Fließen.
- Stärken Sie Ihre innere und äußere Konstitution.
- Beeinflussen Sie Ihre Lebenskraft positiv.

- Lassen Sie Ihren Körper und Geist eine Einheit bilden.
- Akzeptieren Sie Veränderungen, und lernen Sie loszulassen.
- Achten Sie auf eine abwechslungsreiche, ausgewogene, gesunde und einfache Ernährung.
- Halten Sie sich an Ihren Schlaf-Wach-Rhythmus.
- Pflegen und bewegen Sie Ihren Körper.
- Achten Sie auf die Hygiene Ihres Geistes.
- Freude ist die beste Medizin.
- Kultivieren Sie eine offene, gelassene Haltung, und lernen Sie, materiell und spirituell loszulassen.
- Achten Sie auf ein heilsames Umfeld, das Sie positiv beeinflusst und unterstützt.
- Leben Sie im Einklang mit der Natur.
- Haben Sie den Mut, Sie selbst zu sein.
- Lieben Sie das, was Sie tun, und lieben Sie sich selbst!

Die zahlreichen Übungen, Ratschläge und Hilfsmittel in diesem Buch werden Sie ganz bestimmt auf dem Weg zu einer heilsamen und positiven Lebensweise unterstützen und begleiten. Begeben Sie sich auf diese Reise. Selbstvertrauen, innere Zufriedenheit, Gleichmut, Heiterkeit, Gelassenheit, geistige Klarheit und eine Zunahme an Energie werden Ihre Reiseführer sein.

Ein Schüler bat seinen Zen-Meister: »Ich bin krank. Meister, bitte befreie mich von allen schlechten Taten, von all meinen Sünden, denn sie sind der Ursprung meiner Krankheit!« Der Meister antwortete: »Gut. Geh, und hol all deine schlechten Taten und deine Sünden. Ich werde dich dann von ihnen reinigen, und du wirst von allem Ballast befreit sein und inneren Frieden und Gesundheit finden.« Der Schüler überlegte kurz und sagte dann enttäuscht: »Meister, ich kann meine Sünden nirgendwo finden.« Der Meister entgegnete darauf: »Gut. Ich habe sie somit für dich beseitigt.«

Alles hat ein Ende

Der Tod betrifft uns alle.

Im Herbst lassen die Bäume ihre Blätter fallen; auf die Einatmung folgt die Ausatmung; wir werden geboren und wir werden sterben. In der Lehre des Zen geht es darum, den kleinen Tod im Augenblick zu erkennen. Alles in und um uns ist einem stetigen Wandel unterworfen und verändert sich unaufhörlich. Unsere Angst vor Verlust hat eine enorme Kraft. Wir unternehmen fast alles, um das beklemmende Gefühl der Unsicherheit in den Griff zu bekommen. Wir halten fest, häufen Besitztümer an, sparen Geld, schließen Versicherungen ab, gehen zu Vorsorgeuntersuchungen, schlucken Vitamine, reiben unser Gesicht mit Anti-Aging-Creme ein, stopfen den Kühlschrank mit Nahrungsmitteln voll und hoffen, dass am »Ende« alles gut ausgehen wird!

Auf dem Weg des Zen gehört der Tod, die Veränderung, als natürlicher Bestandteil zum Leben. Denn Geburt und Tod sind nicht zwei voneinander getrennte Aspekte. Beide bedingen sich gegenseitig, sie sind voneinander abhängig. Im Zen sagt man, dass man in jedem Augenblick neu geboren wird, um darauf wieder zu sterben. Wenn Sie sich selbst und Ihr Umfeld achtsam betrachten, werden Sie feststellen, dass Sie von Geburt und Tod, also von der Wandlung, ständig umgeben sind. Das bietet Ihnen die große Chance, dass Veränderungen jederzeit stattfinden

können. Ihr Leben ist in jedem Moment immer wieder neu, einzigartig, frisch und unverbraucht und steckt voller Möglichkeiten.
In dem Moment, in dem Sie allerdings festhalten, berauben Sie sich der Möglichkeit, mit dem Fluss des Lebens und dem ihm innewohnenden Potenzial mitzufließen. Veränderung heißt immer, den Wandel zu akzeptieren. Veränderung setzt die Kunst des Loslassens voraus. Loslassen macht uns aber in der Regel unruhig und unsicher. Wir haben Angst davor, etwas zu verlieren, und wiegen uns in einer Scheinsicherheit, wenn wir Dinge, Situationen, Gefühle und Menschen festhalten, besitzen, vermehren und kontrollieren können.

Sei reif für das Sterben, dann kannst du jederzeit gehen.

Wir sind oft überrascht, wenn jemand stirbt, das Geld an Wert verliert, unsere Haare grau werden, wir krank werden oder ein angenehmes Gefühl nicht dauerhaft anhält. Die Vergänglichkeit, das Gesetz der Wandlung, ist nicht unser Freund. Ganz im Gegenteil, wir benehmen uns schon fast so, als stünden wir mit ihm im Krieg. Wir halten den Feind auf Abstand, ignorieren ihn und nehmen ihn unter Dauerbeschuss. Der Grund dafür, wieso wir leiden, unzufrieden oder unglücklich sind, ist, dass wir an Dingen festhalten, die in sich keine Beständigkeit aufweisen können. Das heißt, unser Leid ist vorprogrammiert, und es ist immer nur eine Frage der Zeit, wann wir etwas loslassen müssen. Oft ist dieses »Müssen« dann mit großen körperlichen oder geistigen Schmerzen verbunden. Es ist aber nicht die Sache, die Krankheit, die Situation oder der Mensch, der uns dieses Leid zufügt, wir sind es selbst, mit unserer Haltung, mit unserer falschen Sicht und Wahrnehmung gegenüber der Wirklichkeit.
Ein chinesisches Sprichwort heißt: »Die Lebenszeit ist die gleiche, ob du sie lachend oder weinend verbringst.«

Zen fordert Sie auf, den Dingen auf den Grund zu gehen und die tiefere Wahrheit zu erkennen:

- Nichts entsteht aus sich selbst heraus.
- Alles ist untrennbar mit allem verbunden.
- Alles verändert sich, nichts bleibt so, wie es ist.
- Alles ist vergänglich.

Für die Praxis im Alltag bedeutet das:

- Nutzen Sie jeden Augenblick.
- Veränderung beginnt immer im Jetzt.
- Loslassen ist die Voraussetzung für ein erfülltes Leben.
- Veränderung ist die Grundbedingung für das Leben.
- Erkennen Sie, dass alles, sowohl Positives als auch Negatives, vorübergeht.
- Tun Sie jetzt die Dinge, die Sie tun wollen. Verschieben Sie nichts auf später.
- Seien Sie sich dessen bewusst, dass jeder, der gestorben ist, sein Leben plötzlich verloren hat.
- Sie können Ihre Zukunft nicht absichern, befreien Sie sich von dieser Illusion. Leben Sie jetzt.

Ein Zen-Schüler fragt seinen Meister: »Was geschieht nach dem Tod?« Der Meister antwortet: »Ich weiß es nicht.« Darauf sagt der Schüler: »Aber du bist doch der Meister?«

»Ja, aber kein Toter!«, erwidert der Meister.

Übung für den Alltag

Es ist von großer Bedeutung, dass Sie in Ihrem Alltag das Gesetz der Veränderung erkennen können, um sich von der Illusion, dass es etwas Beständiges gibt, zu befreien. Diese einfache, aber sehr wirkungsvolle buddhistische Übung hilft Ihnen, sich mit den Themen Veränderung und Tod auf einer intellektuellen, geistigen Ebene auseinanderzusetzen. Begeben Sie sich an einen ruhigen Ort, und reflektieren, meditieren oder diskutieren Sie über die drei nachfolgenden Behauptungen, denen jeweils eine Begründung und die Konsequenzen, die sich daraus ergeben, folgen.

BEHAUPTUNG: Der Tod tritt mit Sicherheit ein.
BEGRÜNDUNG: Das Leben verkürzt sich mit jedem Atemzug. Es hat noch kein Mensch überlebt. Bis jetzt sind alle Menschen gestorben.
KONSEQUENZ: Es ist deshalb wichtig, dass man ein Leben lebt, das den eigenen Bedürfnissen und den individuellen Entsprechungen gerecht wird, das aber unbedingt auf der Grundlage positiver, liebevoller, friedvoller und heilsamer Gedanken, Gefühle und Handlungen beruht.

BEHAUPTUNG: Der Zeitpunkt des Todes und die Art, wie man stirbt, sind ungewiss.
BEGRÜNDUNG: Niemand weiß, wann und wie er sterben wird. Denn es sind bis jetzt Kinder, junge Erwachsene und sehr alte Menschen gestorben. Es sind Menschen verunfallt, ermordet worden, an Krebs oder einem Herzinfarkt gestorben oder ganz friedlich eingeschlafen.
KONSEQUENZ: Es ist deshalb wichtig, dass man auf den eigenen Tod vorbereitet ist, keine Zeit verschwendet und Dinge, die einem wichtig sind, nicht auf später verschiebt. Entscheidungen sollen auch immer im Angesicht des Todes betrachtet werden.

BEHAUPTUNG: Im Sterben, im Tod, ist nur die spirituelle Entwicklung von Bedeutung.
BEGRÜNDUNG: Wir können kein Geld, keine Macht, keinen Status, keinen Ruhm oder Besitztümer mitnehmen. Wenn wir sterben, müssen

wir alles Materielle zurücklassen. Weder unsere Familie, noch unsere Freunde können uns im Tod helfen, auch sie müssen wir aufgeben. Auch unseren Körper können wir nicht mitnehmen. Wir müssen alles loslassen. KONSEQUENZ: Es ist deshalb wichtig, sich bereits im Leben, im Alltag von unnötigem Ballast zu trennen und sich nicht von Menschen, Gütern und Geld beeinflussen zu lassen oder abhängig zu machen. Man muss sich darin schulen, weder an Menschen noch an Dingen anzuhaften. Von Bedeutung ist es, dass man lernt loszulassen und eine gleichmütige, vertrauensvolle, friedliche und heilsame geistige Grundhaltung kultiviert.

Es ist nicht einfach, mit der Gewissheit zu leben, eines Tages sterben zu müssen. Nicht nur spirituelle Menschen fragen sich, wie sie im Angesicht des Todes leben sollen? Es gibt eine bekannte Geschichte, die die Lebensphilosophie des Zen wunderbar aufzeigt. Lesen Sie selbst:

Ein Zen-Meister begab sich auf eine Reise. Er gelangte dabei auch in einen Dschungel und wurde von einem Tiger angegriffen, der unverhofft aus dem Hinterhalt hervorsprang. Der Meister ergriff die Flucht, gefolgt vom Tiger, der schon fette Beute witterte, und sprang über eine Klippe. Dabei konnte er sich in letzter Sekunde an einer Weinrebe festhalten und verhinderte so, dass er in eine tiefe Schlucht fiel. Als er einen Blick in den Abgrund wagte, sah er, dass unten in der Schlucht ein weiterer Tiger auf ihn wartete. Er blickte nach oben und sah den Tiger, vor dem er geflüchtet war. Die weißen Zähne des Tieres blitzten in der Mittagssonne, und seine Augen fixierten den Meister mit einem tödlichen Blick. Plötzlich bewegte sich der dünne Ast der Weinrebe, an der sich der Meister festklammerte. Zwei kleine Mäuschen knabberten an der Wurzel. Es war nur noch eine Frage von Minuten, bis der Ast, an dem das Leben des Meisters hing, in den Abgrund stürzen würde. Während sein Blick die nähere Umgebung erforschte, entdeckte der Meister eine saftige Weintraube. Mit einer Hand hielt der Meister sich am Ast fest, während er mit der freien Hand die Traube vom Ast pflückte. Er nahm sie in den Mund und sagte: »Mmh, das ist die beste Weintraube, die ich je gegessen habe!«

Probleme und sonstige Hindernisse

Das Glück liegt im Leben selbst.

Wir können uns über Vorsätze, Wünsche, Abläufe und Ziele Gedanken machen, sie ausformulieren und zu Papier bringen. Wir können uns auf vieles vorbereiten, Konzepte machen, Entwürfe ausarbeiten und uns sogar bereits im Vorfeld in einem gewissen Maß auf Unvorhergesehenes einstimmen. Im Grundsatz lässt sich fast alles planen – aber eben nur fast. Denn es wird uns, auch mit dem größten Einsatz, dem besten Organisationstalent und den am besten ausgeklügelten Vorbereitungen nicht immer gelingen, auf alles eine passende Antwort oder eine richtige Lösung parat zu haben. Wir haben zum Beispiel keinen direkten Einfluss auf das Wetter, einen Stromausfall, die Laune unserer Mitarbeiter, die Schlange an der Kasse, die Verspätung der S-Bahn oder die schlechte Internetverbindung.

Es geschieht so vieles in unserem Alltag, auf das wir keinen unmittelbaren Einfluss haben. Das heißt, dass wir uns nicht darauf vorbereiten können, sondern die Fähigkeit entwickeln müssen, im Moment des Ereignisses richtig zu handeln. Das setzt voraus, dass man Unerwartetes zu lieben beginnt, dass man Freude dabei empfindet, wenn man spontan reagieren und etwas Neues ausprobieren kann, dass man Probleme als Herausforderungen ansieht, die gelöst werden können. Für Perfektionistinnen und Perfektionisten sind diese Anforderungen die Hölle auf Erden!

Wenn man nur einen Hammer als Werkzeug hat,
sieht jedes Problem wie ein Nagel aus.

Es ist nicht einfach, wenn man merkt, dass man die Kontrolle verliert, bis man merkt, dass man in Wahrheit auf dieser Welt fast überhaupt nichts unter Kontrolle hat! Wer diese Wirklichkeit erkennt und sich von der Illusion löst, auf alles vorbereitet zu sein und jeden und alles beherrschen und beschützen zu müssen, der holt sich wahrlich den Himmel auf Erden zurück.

Zen lehrt uns, dass Frustration, Enttäuschung, Wut, Verbitterung, Trauer und Verzweiflung nicht nur durch das Problem, das erscheint, hervorgerufen werden, sondern vor allem dadurch, wie wir dem jeweiligen Hindernis körperlich und geistig begegnen. Eine wichtige Rolle spielen dabei unsere Erwartungen, die wir bereits im Vorfeld gehegt und gepflegt haben. Unsere Reaktion auf ein unangenehmes Ereignis gleicht einem immer wiederkehrenden Muster. Wir nähren unsere Gewohnheitsenergien und beeinflussen dadurch unsere Haltung, wie wir auf Probleme, Unvorhergesehenes und auf Hindernisse reagieren.

Vielleicht haben Sie das Gefühl, dass es immer nur Sie trifft? Dass eine schwierige Situation immer nur in bestimmten Fällen auftaucht? Dass immer alles auf einmal kommt? Dass Sie sowieso nichts tun können? Dass Sie das verdient haben? Dass Ihnen das überhaupt nicht entspricht? Dass immer alles nur an Ihnen hängen bleibt? Dass Sie immer für alles die Verantwortung übernehmen müssen? Dass Sie sich als Opfer der widrigen Umstände fühlen?

Wir können also nur bedingten Einfluss darauf nehmen, was passiert, aber wir haben immer die freie Entscheidung, wie wir auf das, was passiert, reagieren wollen. Was Sie über eine Situation denken, wie Sie sich dabei fühlen und wie Sie ihr begegnen, das entscheiden Sie selbst!

Der praxisbezogene Umgang mit Schwierigkeiten im Alltag bedeutet im Herz-Geist des Zen:

- Stellen Sie sich Ihren Problemen.
- Grübeln und reden Sie nicht nur über das Problem, sondern lösen und überwinden Sie es.
- Ändern Sie Ihre Einstellung, denn sie ist dafür verantwortlich, ob Sie ein Problem als Belastung oder als Herausforderung, als angenehm oder unangenehm, als lösbar oder unlösbar erleben.
- Lernen Sie, im Zusammenhang mit Problemen, Hindernissen und Schwierigkeiten die richtigen Fragen zu stellen. Richtige Frage: Wie gehe ich damit um? Falsche Frage: Warum ist das passiert? Warum ich? (Lösen Sie sich von der Opferrolle.)
- Sie können jederzeit ein Problem lösen, auch wenn Sie nicht wissen, wie es entstanden ist!
- Setzen Sie dort, wo es in Ihrer Verantwortung und Möglichkeit steht, neue Ursachen, damit sich gleiche Muster, Fehler und Schwierigkeiten nicht andauernd wiederholen.
- Kultivieren Sie Ihre Flexibilität, vermeiden Sie extreme Ansichten, und lernen Sie, vorgefasste Abläufe loszulassen.
- Unterteilen Sie große Probleme in kleine.
- Einfache Lösungen sind immer die besten.
- Übernehmen Sie die Verantwortung für Ihre Entscheidungen, und seien Sie sich bewusst, jeder der wirklich lebt und Entscheidungen fällt, macht Fehler!
- Lassen Sie sich nicht sofort entmutigen, wenn etwas nicht so geschieht, wie Sie es sich vorgestellt haben. Es gibt keinen Tag, an dem alles schiefläuft. Sehen Sie nur genau hin!
- Nehmen Sie Hilfe von Freunden oder Vertrauten in Anspruch.
- Lassen Sie das Problem, das Sie gelöst haben, oder die Schwierigkeit, die Sie beseitigt haben, los!

Die Zen-Lehre geht davon aus, dass alle Probleme gelöst werden können. Wenn es keine Lösung für ein Problem gibt, dann handelt es sich nicht um ein Problem, sondern um eine Tatsache oder einen Umstand, mit dem wir zu leben lernen und den wir in unseren Alltag integrieren

müssen. Aber auch hier entscheiden wir mit unserer geistigen Einstellung ganz allein darüber, ob wir an einer Lage zerbrechen oder daran wachsen wollen.
Menschen setzen sich Ziele und machen Pläne. Auch dieses Buch enthält unzählige Abläufe, Varianten und Möglichkeiten, die Sie für Ihren ganz persönlichen Alltag nutzen können. Achten Sie aber unbedingt darauf, dass Sie sich nicht aus dem Konzept bringen lassen, wenn Sie eine Reihenfolge nicht »korrekt« einhalten können. Es ist gut so, wie es ist! Lassen Sie sich nicht verrückt machen, wenn Sie in der Meditation gestört wurden oder am Morgen vergessen haben, das heiße Wasser zu trinken. Erzeugen Sie nicht zusätzliche »hausgemachte« Probleme. Im Gegenteil, freuen Sie sich über die Zeit, in der Sie ungestört sitzen konnten, und trinken Sie jetzt eine Tasse heißes Wasser. Ihr Leben ist das, was Sie daraus machen, und zwar hier und jetzt!

Eine Schülerin suchte ihre Zen-Meisterin auf und bat sie um Rat: »Ich praktiziere schon so lange den spirituellen Weg. Ich habe viele Meister besucht, alle Hinweise und Lehren befolgt. Ich habe sämtliche Vergnügen aufgegeben. Ich habe gefastet, enthaltsam gelebt und tagelang meditiert. Meisterin, bitte glaube mir, ich habe alles getan, was man von mir verlangt hat. Ich habe alles aufgegeben und alle Qualen und alle Leiden auf mich genommen und trotzdem habe ich die Erleuchtung nicht erfahren. Was soll ich tun?« Die Zen-Meisterin antwortete: »Gib das Leiden auf!«

Auch auf dem spirituellen Weg lauern Gefahren. Es sind Sackgassen, die unser Ego aufblähen und uns an Dogmen anhaften lassen. Erfahrungen, die wir noch nicht verarbeiten können, hinterlassen Spuren und enden nicht selten in spirituellen, persönlichen Krisen. Zen bezeichnet spirituelle Krisen als die Zen-Krankheit. Folgende Symptome zeigen sich dann:

- enormes Mitteilungsbedürfnis
- Überschätzung der eigenen Möglichkeiten (Ich-Aufblähung, Überheblichkeit, Stolz)
- permanente Unruhe
- Selbsttäuschung
- Sämtliche Alltagserlebnisse werden interpretiert und ausgewertet.
- Verkennung der Realität
- Anhaftung und Verbissenheit (Alles wird zum Dogma.)
- falsche körperliche und geistige Wahrnehmung
- Verleugnung der Wirklichkeit (z. B. falsche Fortschritte auf dem Weg)
- Alles dreht sich nur noch um die eigene Person und die spirituelle Entwicklung.
- Schuldzuweisungen (An allem sind immer nur die anderen schuld.)
- körperliche Beschwerden
- ungepflegtes Äußeres
- Täuschungen
- Erlebnisse werden geleugnet oder verdrängt.
- Kontrollverlust oder der Drang, alles kontrollieren zu wollen
- Depressionen, moralische Krisen, innere Leere
- Einsamkeit, Angst

So beugen Sie der Zen-Krankheit vor:

- Achten Sie darauf, dass Sie sich nicht über spirituelle Erfahrungen definieren.
- Vergleichen Sie sich nicht mit anderen Menschen, auch nicht auf dem geistigen Weg. Spirituelle Entwicklung ist kein Wettbewerb oder Leistungssport.
- Setzen Sie sich nicht über andere hinweg.
- Ignorieren Sie Ihre Schattenseiten nicht.
- Verfallen Sie nicht in spirituelle Dogmen und Standardaussagen, wie z. B. »Selber schuld, das ist halt sein Karma!« oder »Sie ist halt noch nicht so weit wie ich!«
- Verwechseln Sie angelerntes Wissen nicht mit gelebter Erfahrung.

- Verleugnen Sie unangenehme Gefühle nicht. Verleugnen ist nicht das Gleiche wie überwinden.
- Verlieren Sie bei der Überwindung Ihres Egos nicht Ihre Lebendigkeit, Ihre Lebensfreude und Ihre Spontaneität. (Wenn das geschehen sollte, spricht man von einer »Pseudo-Ego-Überwindung«. Diese Menschen wirken kontrolliert, unnatürlich und nicht authentisch und sind nur dem Schein nach über alles erhaben.)
- Verarbeiten Sie Erlebnisse.
- Tragen Sie Konflikte aus.
- Achten Sie auf Ihre Körpersignale.
- Konzentrieren Sie sich auf das, was ist, auf die Gegenwart.
- Scheuen Sie sich nicht davor, Hilfe von einem erfahrenen Lehrer oder einer Vertrauensperson anzunehmen.
- Tragen Sie immer die Verantwortung für die Entscheidungen in Ihrem Leben.

Dankbarkeit, Mitgefühl, Achtsamkeit und Weisheit sind die ethischen Grundlagen auf dem Weg des Zen. Behalten Sie sie stets im Auge und im Herzen. Ein spirituell reifer Mensch zeichnet sich durch Bescheidenheit, Güte und Demut aus. Das bedeutet aber nicht, dass er alles mit sich machen lässt. Durch die Schulung seines Bewusstseins und durch die Auseinandersetzung mit sich selbst weiß er genau, was er will. Klare Aussagen, integres Verhalten, Geradlinigkeit und authentisches Verhalten gehören genauso zu seiner Persönlichkeit wie Spontaneität, Lebensfreude und Genuss. Auch der Meister ist nicht frei von Emotionen und Fehlern. Er empfindet wie jeder andere Mensch auch Wut, Trauer oder Freude. Der einzige Unterschied besteht darin, dass er sich von seinen Gefühlen nicht leiten lässt und Fehler unverblümt zugibt!

Ethik im Alltag

Sprich nicht über Ethik,
lebe sie.

Wir verlieren viel Energie, wenn unsere Handlungen nicht im Einklang mit unseren Überzeugungen stehen. Deshalb ist es wichtig, dass Sie sich Gedanken darüber machen, nach welchen Grundsätzen Sie Ihr Leben führen möchten. Denn nur, wenn Ihre innere Einstellung mit der äußeren Haltung übereinstimmt, entsteht ein Gefühl des Glücks und der Zufriedenheit.

Der Weg des Zen ist Selbsterkenntnis. Ein chinesisches Sprichwort bringt diese Aussage auf den Punkt: »Wer andere besiegen will, muss sich erst selbst besiegen. Wer andere richten will, muss sich erst selbst richten. Wer andere kennen will, muss sich erst selbst kennen.«
Zen besitzt eine eigene Ethik. Basierend auf den Tugenden der Achtsamkeit, der Weisheit und des Mitgefühls fordert sie jeden Menschen dazu auf, zuerst sich selbst zu befreien, um dann den anderen Wesen helfen zu können. Zen schließt das Wohl aller Menschen in die Praxis mit ein. Denn Zen vertritt die Ansicht, dass wir alle untrennbar miteinander verbunden sind und in einer stetigen Wechselbeziehung zueinander stehen.

Diese Auffassung zeigt sich auch im Prinzip von Ursache und Wirkung. Alles, was wir tun oder unterlassen, wirkt sich auch unmittelbar auf unsere gesamte Umgebung aus. Güte und Wohlwollen sind wichtige Tugenden auf dem Weg jedes ernsthaft Zen-Praktizierenden.

Ein Mann schaut dabei zu, wie ein Zen-Mönch auf einer großen Blumenwiese direkt gegen einen Baum läuft und auf den Boden fällt. Der Mann geht zum Mönch und fragt ihn ganz erstaunt: »Wieso bist du gegen den Baum gelaufen und nicht nach links oder rechts ausgewichen?« Darauf erwidert der Mönch noch etwas benommen: »Ich wollte den mittleren Weg nehmen!«

Zen strebt die Mitte an. Das bedeutet, dass in der Lehre keine festen, allgemeingültigen Regeln oder Vorschriften existieren. Ein Leben aus der Mitte heraus heißt, dass Sie fähig sein müssen, eine Situationsethik pflegen und anwenden zu können. Authentisches, intuitives, spontanes Handeln nimmt im Zen eine zentrale Stellung ein. Dies erfordert ein hohes Maß an Klarheit und Bewusstheit. Auf dem Weg des Zen geht es darum, die vier Tugenden des Geistes, Güte, Mitgefühl, Mitfreude und Gleichmut, zu kultivieren. Auch der Achtfache Pfad nimmt in der Zen-Ethik einen wichtigen Platz ein. Er bietet einen übersichtlichen Ethik-Rahmen, an dem sich die Schüler orientieren können.
Der Edle Achtfache Pfad dient als nützliches Werkzeug zur Lebensführung. Durch die Praxis des Achtfachen Pfades werden das Leiden und die Ursachen, die zum Leid führen, erkannt und aufgehoben. Der Edle Achtfache Pfad wird in drei Gruppen unterteilt: die Weisheitsgruppe, die Sittlichkeitsgruppe und die Vertiefungsgruppe. Den einzelnen Gruppen werden die acht Glieder zugeordnet.

Die WEISHEITSGRUPPE strebt an, von der unvollkommenen, falschen, verblendeten und unheilsamen Sichtweise in die klare, vollkommene, heilsame Sicht zu kommen. Sie besteht aus den beiden Gliedern rechte Erkenntnis (rechte Anschauung, rechte Einsicht) und rechtes Denken (rechte Absicht, rechte Gesinnung). Wenn wir uns vom Leid und von der Unzufriedenheit, die unser Leben, unser Alltag mitbringt, befreien wollen, müssen wir die Dinge klar sehen. Die Hintergründe, die Wurzeln, die zu Leid führen, müssen wir ergründen und erkennen. Deshalb sind rechte Erkenntnis und rechtes Denken unerlässlich auf unserem Weg, sie führen uns von der Unwissenheit zur Weisheit, die uns letztlich befreit.

Die SITTLICHKEITSGRUPPE strebt ein positives, heilsames Verhalten an. Sie besteht aus den drei Gliedern rechte Rede, rechtes Handeln (rechte Tat) und rechter Lebenserwerb (rechter Lebensunterhalt). In dieser Gruppe geht es darum, tugendhaftes Verhalten zu fördern und untugendhaftes Verhalten zu vermeiden, weil dies nur unser Leid und unsere Unzufriedenheit verstärkt. Der Fokus wird auf das Vermeiden von falschen Ursachen gelegt.

Die VERTIEFUNGSGRUPPE strebt einen klaren, gesammelten, einsgerichteten Geist an. Die Schulung des Geistes steht im Mittelpunkt. Sie besteht aus den drei Gliedern rechte Anstrengung (rechtes Üben, rechtes Streben), rechte Achtsamkeit (rechte Bewusstheit) und rechte Sammlung (rechte Konzentration, rechte Versenkung). Diese Gruppe legt das Augenmerk auf die Reinigung, die Hygiene und Sammlung des Geistes. Sie fördert das rechte Bemühen, die Ausdauer und Disziplin, die auf dem Weg unerlässlich sind. Achtsamkeit gilt als Grundtugend, ohne sie sind weder geistiges Wachstum noch spirituelle Entwicklung möglich.

Was bedeutet all das auf Ihren Alltag bezogen?

- Sehen Sie nicht nur das, was Sie sehen wollen. Öffnen Sie Ihre Augen und Ihr Bewusstsein für das, was tatsächlich ist.
- Erkennen Sie die Ursachen, die zu Unzufriedenheit, Gier, Hass und Verblendung führen. Vermeiden Sie es, neue Aktionen zu setzen, die zu Leid führen.
- Treffen Sie bewusste Entscheidungen, die dem Wohle aller dienen.
- Achten Sie darauf, dass Ihre Handlungen und Taten so wenige Menschen wie nur möglich verletzen.

- Lassen Sie Ihr Umfeld teilhaben an Ihrem Glück, Wohlstand, Wissen und Erfolg.
- Finden Sie Ruhe und Klarheit durch tägliche Meditation.
- Überprüfen Sie Ihr Denken und Ihre Absichten auf ihre Wirkung hin. Fördern Sie heilsames Denken, das heilsame Absichten hervorbringt.
- Kümmern Sie sich liebevoll um Ihren Körper und Ihren Geist.
- Beobachten Sie Ihren Umgang mit den Mitmenschen. Fördern Sie die positiven Aspekte.
- Kümmern Sie sich um Ihre Familie.
- Unterstützen Sie Bedürftige.
- Pflegen Sie Ihre Beziehungen.
- Bieten Sie selbstlos Ihre Hilfe an.
- Entwickeln Sie eine gute Beziehung zum Arbeitgeber oder Arbeitnehmer.
- Fördern Sie eine gute Beziehung zum Lehrer oder Schüler.
- Vermeiden Sie nutzloses Geschwätz oder Tratsch.
- Halten Sie sich von Lügen oder übler Nachrede fern.
- Überprüfen Sie Ihre Worte auf den Inhalt. Vermeiden Sie grobe, unhöfliche und verletzende Worte.
- Schüren Sie keinen Hass, sondern fördern Sie den Frieden.
- Missbrauchen Sie Sexualität nicht.
- Nehmen Sie keine Drogen, die Ihren Geist betäuben.
- Stehlen Sie keine Gegenstände, Meinungen oder Ideen.
- Schützen Sie Leben. Töten Sie nicht, und stiften Sie auch andere Menschen nicht dazu an, für Sie zu töten.
- Gehen Sie einer rechtschaffenen Arbeit nach, die weder Ihnen noch anderen Menschen Leid bringt.
- Fördern Sie tugendhaftes Verhalten, und streben Sie nach Befreiung.
- Leben Sie einfach, und konzentrieren Sie sich auf das Wesentliche.
- Geben Sie immer Ihr Bestes, ohne Absicht auf Gewinn oder Verlust.

Fazit:

Der achtfache Pfad dient als Grundlage für ein erfülltes, bewusstes und spirituelles Leben. Die Ethik im Zen wird von Mitgefühl, Weisheit und Achtsamkeit geprägt. Sie ist der Weg der Mitte. Im Grundsatz schlägt Zen keine Regeln vor. Zen warnt sogar vor dogmatischen Handlungen, die sich auf eine »Scheinethik« beziehen. Viel wichtiger ist der Grundsatz, dass ethische Handlungen von dem Wunsch geleitet werden sollen, niemandem Schaden zufügen zu wollen. Trotzdem darf man das große Ganze nicht aus den Augen verlieren und nimmt dafür auch in Kauf, kurzfristig traditionelle Werte hinter sich zu lassen, um zum Wohle und Nutzen aller wirken zu können. Großzügigkeit zeigt sich im Denken und Handeln und äußert sich in den vier Tugenden Güte, Mitgefühl, Mitfreude, Gelassenheit. Die Situationsethik entsteht aus der Fähigkeit des Geistes, klar zu sehen und bewusste Entscheidungen treffen zu können. Diese Ethik ist die wahre Ethik. Sie ist frei von Formen und Regeln. Sie ist immer frisch, authentisch, ehrlich und spontan.

Das Abendritual

Überprüfe deine
Gewohnheiten,
denn sie formen
deinen Charakter.

Ein großer Zen-Meister hielt einen Vortrag. Nachdem er über die Verblendung sowie das Leid und deren Überwindung gesprochen hatte, durften die Anwesenden dem Lehrer Fragen stellen. Ein Mann erhob sich und stellte die Aussagen des alten Meisters in Zweifel: »Ich bin schon lange frei von Leid. Aber was meint Ihr mit Verblendung? Was ist Verblendung, und woher kommt sie?« Der Meister antwortete knapp: »Nur Idioten stellen so eine dämliche Frage!« Der Mann wurde über diese Äußerung sehr zornig und erwiderte verärgert: »Wenn Ihr schon zu dumm seid, um meine Frage zu beantworten, ist das eine Sache. Aber weshalb beleidigt Ihr mich noch zusätzlich?« Der Zen-Meister sprach: »Es war mir ein Anliegen, dir ganz praktisch zu zeigen, was Verblendung ist und wie sie entsteht. Dein Zorn, deine Wut ist die Antwort!«

Nehmen Sie am besten vor 19 Uhr ein leichtes Abendessen ein. Reduzieren Sie die Sinneseindrücke auf Ihren Geist. Wenn Sie lesen oder fernsehen, dann achten Sie darauf, dass die Lektüre oder das Programm nicht zu anregend sind. Aber auch Gespräche, Computerspiele, Chatten oder langes Arbeiten können Ihren Geist aufwühlen und Sie davon abhalten, dass Sie innerlich zur Ruhe kommen. Auch Sport unmittelbar vor dem Schlafen sollten Sie vermeiden. Machen Sie stattdessen lieber einen kleinen, entspannten Spaziergang, am besten im Grünen, das beruhigt Ihre Nerven und klärt Ihren Geist.

Versuchen Sie, immer zur gleichen Zeit ins Bett zu gehen. Es ist ratsam, dass die Temperatur in Ihrem Schlafzimmer 18° Celsius nicht übersteigt. Ein gutes, angenehmes, nicht zu trockenes Raumklima ist für einen erholsamen Schlaf wichtig. Lüften Sie unbedingt Ihr Schlafzimmer 10 Minuten lang, bevor Sie zu Bett gehen. Ein gekipptes Fenster zählt hier nicht. Richten Sie Ihr Schlafzimmer so ein, dass keine unnötige Unruhe entsteht. Reduzieren Sie Ihre Möbel und Bilder auf ein Minimum. Räumen Sie Ihre Kleider weg, und schließen Sie die Schranktüren. Sorgen Sie für Ordnung und Sauberkeit. Das alles wirkt sich unmittelbar auf die Qualität Ihres Schlafes aus.
Schalten Sie zudem Ihr Handy und Ihren Computer über die Nacht aus. Sorgen Sie allgemein dafür, dass Sie nachts nicht abgelenkt oder gestört werden. Halten Sie einen Stift und ein Stück Papier direkt neben Ihrem Bett bereit, falls Sie zu den Menschen gehören, denen Ideen, Vorsätze, Lösungen oder unerledigte Aufgaben »während« des Schlafes einfallen. Sie können sich dann ohne großen Aufwand Notizen machen und danach direkt wieder schlafen, ohne das beunruhigende Gefühl, etwas bis zum Morgen zu vergessen.

Ein tolles Abendritual ist es, eine Gewürzmilch vor dem Zubettgehen zu trinken. Diese nährt und beruhigt den Geist, wärmt den Körper, fördert einen ruhigen, erholsamen Schlaf, erdet und hilft bei Einschlafstörungen.

Rezept für die Gewürzmilch

Würzen Sie 200 ml Bio-Vollmilch mit Zimt, Kardamom, Kurkuma, Safran, Nelken, Ingwer, Muskat. Lassen Sie die Gewürzmilch etwa 5 Minuten köcheln. Süßen Sie sie mit einem Teelöffel Honig, und trinken Sie sie schluckweise vor dem Zubettgehen.

Eine weitere Möglichkeit, Abstand vom Alltag zu gewinnen, ist die Rückschau. Dabei handelt es sich um eine einfache Übung, bei der man sich nochmals in Erinnerung ruft, was am Tag alles geschehen ist. Sie können das gedanklich oder aber auch in schriftlicher Form (wie bei einem Tagebuch) machen. Wichtig dabei ist, dass Sie sich nicht nur die negativen Ereignisse vor Augen führen, sondern dass Sie sich auch ganz bewusst an die schönen und positiven Erlebnisse erinnern. Sollten Ihnen jetzt noch Aufgaben oder Lösungsansätze in den Sinn kommen, dann können Sie diese ebenfalls notieren.

In Ergänzung dazu wäre es natürlich wunderbar, wenn Sie die Motivation aufbringen würden, sich auch am Abend für 10 bis 20 Minuten zur stillen Meditation hinzusetzen. Gerade der Rückzug in die Stille am Abend hilft Ihnen, Gedanken an den Tag loszulassen und Stress abzubauen. Ihr Geist wird ruhiger, klarer und stabiler, und der Schlaf dient Ihnen dann wirklich als Erholung und nicht zur reinen »Daten«-Verarbeitung.

Bevor Sie sich nun ins Bett legen und die Augen schließen, bedanken Sie sich für diesen Tag. Dabei spielt es keine Rolle, ob Sie den Tag für sich als Erfolg oder Misserfolg verbuchen können. Tatsache ist, dass Sie einen ganzen Tag hatten!

Ich fasse das Abendritual noch einmal zusammen:

- Essen Sie leicht und wenn möglich vor 19 Uhr.
- Reduzieren Sie Ihre Sinneseindrücke.
- Machen Sie einen Spaziergang an der frischen Luft.
- Lüften Sie Ihr Schlafzimmer. Achten Sie auf eine Raumtemperatur von maximal 18° Celsius.
- Halten Sie Ordnung in Ihrem Schlafzimmer.
- Schalten Sie Ihren Computer und Ihr Handy aus.
- Trinken Sie eine Gewürzmilch.
- Lassen Sie den Tag noch einmal Revue passieren.
- Meditieren Sie.
- Gehen Sie immer zur gleichen Zeit ins Bett.
- Sagen Sie Danke!

Die Frage nach dem Sinn des Lebens

Sinn kann man nur
in sich selbst finden.

Früher oder später taucht die Frage nach dem Sinn des Lebens in fast jedem von uns auf. Es ist eine wichtige Frage, die uns helfen kann, zu erkennen, wie wir unser Dasein auf Erden verbringen möchten. Sie dient uns als Wegweiser in unserer persönlichen Entwicklung und prägt und beeinflusst gleichermaßen unseren Umgang mit unserem Umfeld.
Je nach dem, ob wir nach Freude, Frieden, Wachstum, Erfüllung, Glück, Erkenntnis, Liebe, Reichtum, Erfolg oder Anerkennung streben, schlagen wir verschiedene Richtungen in unserem Leben ein. Meist stellt sich uns die Frage nach dem Sinn unseres Daseins nicht in jungen Jahren, in Zeiten des Wohlstands, des Erfolgs, der Gesundheit oder während einer Ausbildung. Wir stellen uns kaum die Fragen, warum wir gesund sind, warum wir einen tollen Partner haben oder warum wir gerade so viel Geld verdienen! Sind wir hingegen krank, mittellos, hat uns unser Partner verlassen oder wurde uns der Job gekündigt, dann taucht schon viel eher die Frage nach dem »Warum (ich)« auf!

Diese geistige Haltung ist aber sehr inkonsequent. Entweder stellen wir uns sowohl bei »Erfolg« als auch bei »Misserfolg« die Frage nach dem Warum und somit nach dem Sinn oder dem Unsinn des Lebens. Das wäre folgerichtig, ehrlich und gradlinig.

Manchmal gibt es aber auch Zeiten, in denen Menschen alles erreicht haben, was man sich nur wünschen kann. Und genau auf diesem Höhepunkt trifft sie dann die Frage nach dem Sinn des Lebens wie eine Bombe mitten ins Herz. Diese Frage hat die Kraft, alles bisher Erlebte und Erreichte in Zweifel zu ziehen und infrage zu stellen. Diese innere Stimme kann sich wie folgt anhören:

- Kann das wirklich schon alles gewesen sein?
- Trotz des Erfolgs fühle ich mich nicht ausgefüllt!
- Ich habe alles erreicht, was kommt jetzt?
- Ist Geld wirklich alles?
- Was geschieht mit mir, wenn ich älter werde?
- Trotz meiner vielen zwischenmenschlichen Beziehungen fühle ich mich einsam.
- Alles ist vergänglich.
- Auch der Ruhm verblasst.
- Ich kann am Ende nichts mitnehmen!
- Wofür das alles?
- Was fange ich jetzt mit meinem Leben an?

In diesen Äußerungen sind die drei Sinnfragen versteckt.

- Woher komme ich?
- Wer bin ich?
- Wohin gehe ich?

Der deutsche Dichter und Schriftsteller Christian Morgenstern sagte: »Das Leben ist die Suche des Nichts nach dem Etwas!« Im Zen heißt es, dass der Sinn des Lebens im Leben selbst liegt. Lesen Sie dazu die nachfolgende Geschichte mit dem Titel »Die Blumen blühen von selbst«:

Ein junger wissbegieriger Schüler suchte einen sehr berühmten Zen-Meister in der Hoffnung auf, dass dieser ihm den Sinn des Lebens erklären könne. Als er dem Lehrer gegenüberstand, sprach er zuversichtlich: »Großer Meister, bitte sage mir, was ist der Sinn des Lebens?« Der Meister schwieg. Geduldig wartete der Schüler.

Doch der Zen-Lehrer gab dem jungen Mann keine Antwort auf seine Frage. Die Stille war für den Schüler kaum noch auszuhalten. Ungeduldig trat er von einem Fuß auf den anderen. Doch der Meister machte nicht den Eindruck, als würde er noch einen Ton von sich geben. Verärgert und enttäuscht verließ der Schüler den Raum und bekundete dabei seinen Unmut: »Was für ein alter Narr. Keine Ahnung hat er. Und das soll ein wahrer Meister sein!« Die Schüler, die diese Begegnung beobachtet hatten, kamen zum Meister und erkundigten sich, wieso er auf eine so bedeutende Frage nicht geantwortet habe.
Der Zen-Lehrer sprach: »Menschen, die andauernd nach dem Sinn des Lebens fragen, sind mit keiner Antwort, die ich ihnen geben würde, zufrieden. Nach dem Sinn des Lebens fragen diejenigen, die mit dem, was sie sind, oder mit dem, was sie haben, nicht glücklich und zufrieden sind. Egal, was ich dem jungen Mann geantwortet hätte, er hätte meiner Antwort nicht vertraut. Wieso kommt man überhaupt auf die Idee, nach dem Sinn des Lebens zu fragen? Im Frühling blühen die Blumen, im Sommer schenkt uns die Sonne Energie und weht ein kühler Wind zur Erfrischung, im Herbst wird das Korn geerntet und die Blätter verfärben sich, im Winter fallen die weißen Schneeflocken wie Kristalle vom Himmel. Ist das nicht genug, um unser Herz zu erfreuen?«

Um uns darüber im Klaren zu werden, bedarf es Zeiten der Einkehr, der Stille und der Besinnung – es braucht die Sitzungszeit. Wir müssen uns regelmäßig auf das Meditationskissen setzen, um herauszufinden, wer wir wirklich sind. Ich bin davon überzeugt, dass in dem Moment, in dem wir uns selbst erlauben, die oder der zu sein, der wir tatsächlich sind, sich die Frage nach dem Sinn des Lebens nicht mehr stellt beziehungsweise sich die Frage und mit ihr alle weiteren Sinnfragen vollständig auflösen.

Bis wir das erreicht haben, können wir uns dem Zen-Prinzip hingeben und nach der Maxime leben: »dem Augenblick den Sinn zu schenken«. Die großen Zen-Meister sagen: »Wenn du nach einem Sinn suchst, dann versuche, jeden Augenblick komplett in Achtsamkeit zu leben. Das ist das höchste Maß, das ist der Lebenssinn.«

Schlusswort

Zen ist die unmittelbare, direkte Erfahrung der Wirklichkeit und die bewusste Veränderung der geistigen Einstellung und der daraus resultierenden Handlungen. Erleuchtung im Verständnis von Zen bedeutet, den Schleier der Unwissenheit und Verblendung zu lüften und klarzusehen. Es ist das Verstehen der Wirklichkeit, das Sehen und Erkennen der Reinheit und der allumfassenden Wahrheit, die jedem Wesen innewohnt.

Auf dem Zen-Weg geht es darum, falsche Vorstellungen und Wahrnehmungen abzulegen und sich von Konzepten, Meinungen, Begriffen und vor allem vom diskursiven Denken zu lösen. Aus der Sicht eines Zen-Praktizierenden ist zum Beispiel die Erfahrung, dass kein unabhängiges Selbst existiert, von großer Bedeutung. Durch diese Erkenntnis erfährt er sich als Teil des großen Ganzen und nimmt das Universum und alle Wesen nicht mehr getrennt von sich wahr. Durch diese Einsicht verändert sich automatisch sein Denken, Fühlen und Handeln.

**»Tue Gutes und Heilsames.
Vermeide Böses und Unheilsames.
Läutere deinen Geist, und öffne dein Herz.
Das ist der Weg des Zen.«**

Selbsterfahrung, das persönliche Erleben, die Praxis, das ist das Wichtigste im Zen. Wissen ohne Erfahrung ist totes, unbrauchbares Wissen. Wissen mit Erfahrung ist gelebte Weisheit. Aus dieser Weisheit entstehen Mitgefühl und Achtsamkeit.
Ich wünsche mir, dass Sie die Freude und die Motivation aufbringen, den Weg des Zen zu gehen. Bleiben Sie dabei sich selbst treu. Bleiben Sie unbeschwert, spontan und natürlich. Zu viele »Zen-Leichen« pflastern bereits den Weg. Das sind Menschen, die dem Weg des Zen verbissen, kontrolliert, verkrampft, wertend und verurteilend folgen.
Der Weg des Zen zeichnet sich aber durch Heiterkeit, Freude, Verständnis und Mitgefühl aus. Ein wahrer Schüler des Zen hat den Mut, herzhaft zu lachen und zu weinen. Er traut sich, Fehler zu machen, und nimmt sich selbst nicht ganz so wichtig! Er weiß, dass er für sein Glück selbst verantwortlich ist, und es liegt an ihm, es in sich zu entdecken.

Sie möchten, dass Ihre Energien fließen, dann lassen Sie los! Begegnen Sie jedem Tag mit einem frischen, neuen und wachen Geist. Geben Sie alle Kraft, die Sie haben, in den gegenwärtigen Augenblick, ohne über Gewinn oder Verlust nachzudenken, entdecken Sie sich selbst in der Stille – dann kann nichts schiefgehen!

Wenn Sie nach diesem Buch Interesse und Lust auf mehr bekommen haben, empfehle ich Ihnen die Arbeit mit meinem Kartenset, das unter demselben Titel »Erleuchtung zum Frühstück« im Schirner Verlag erschienen ist. Die 108 Karten bringen die Essenz von Zen auf den Punkt und geben Ihnen viele Ideen, Anregungen und Tipps, wie Sie die Lehre noch besser und leichter in Ihren Alltag integrieren können. Ob allein oder mit dem Partner und Freunden – das Kartenset regt zum Ausprobieren, Nachdenken und Philosophieren an.

Die Lehre des Zen schenkt dem Augenblick das höchste Maß an Lebenssinn. Das heißt, dass das Leben nur in der Gegenwart stattfindet. Die wichtigste Botschaft des Zen, die sich daraus erschließt, ist, dass Menschen die Fähigkeit haben, ihr Leben und sich selbst zu verändern. Ergreifen Sie diese Chance. Ich wünsche Ihnen von Herzen viel Freude, Erkenntnis und Inspiration auf dem weglosen Weg!

Danksagung

Ich danke von ganzem Herzen allen Menschen, die bewusst und unbewusst dazu beigetragen haben, dass dieses Buch entstanden ist. Mögen alle Wesen glücklich und zufrieden sein. Die Handflächen zusammengelegt, den Kopf geneigt – ZEN IST DANKBARKEIT.

Piktogramme im Überblick

Durch den speziellen Aufbau dieses Buches erhalten Sie neben der Vermittlung von theoretischem Wissen und Inhalten vor allem vielfältige praktische Übungen und Möglichkeiten zur Umsetzung des Wissens in Ihren Alltag. In der Geschichte des Zen haben sich Begriffe etabliert, die einen bestimmten Vorgang beschreiben. Die Rituale vermitteln Klarheit und Struktur und sind etwas sehr Wertvolles auf dem spirituellen Weg. Um Ihnen einen einfachen Überblick zu ermöglichen, habe ich jedem Begriff ein bestimmtes Piktogramm zugeordnet. Nachfolgend stelle ich Ihnen die einzelnen Piktogramme vor, die Sie durch dieses Übungsbuch begleitet haben.

TEISHO ist ein Vortrag, der sich mit den theoretischen Inhalten der Zen-Lehre befasst und von einer Zen-Lehrerin oder einem Zen-Lehrer gehalten wird. Unter diesem Symbol habe ich Ihnen meine Ansichten und Erfahrungen niedergeschrieben.

KOAN ist eine Aufgabe, ein Rätsel, das die Zen-Lehrerin oder der Zen-Lehrer dem Schüler zum geistigen Training aufgibt. Unter diesem Symbol finden Sie in meinem Buch Lustiges, Tiefsinniges und Nachdenkliches. Lassen Sie sich also nicht aus der Ruhe bringen, und bleiben Sie an der Sache dran. Es braucht manchmal etwas Zeit, bis man zum Kern der Botschaft vordringen kann.

SAMU bezeichnet die achtsam ausgeführte Arbeit im Alltag, das konzentrierte Tun im Hier und Jetzt. Jede Tätigkeit wird mit großer Geistesgegenwart verrichtet. Mit Samu, der Achtsamkeitspraxis des Zen, kultiviert man den Zen-Geist im Alltag. Diese praktischen Übungen zeigen Ihnen den Aspekt des Zen im täglichen Leben auf und helfen Ihnen dabei, die Einsichten und Erkenntnisse, die Sie in der Meditation, während der Übungen oder ganz allgemein im Zen-Training erfahren haben, in Ihrem Alltag umzusetzen.

SAREI ist das formelle Trinken von Grünem Tee. An der markierten Stelle halte ich Sie dazu an, eine Tasse Grünen Tee zu trinken.

禪

ZAZEN bedeutet Sitzmeditation oder Sitzen in Stille. Mit diesem Zeichen fordere ich Sie dazu auf, entweder in Ruhe zu meditieren, oder ich gebe Ihnen zusätzlich eine geistige Übung auf, die Sie während Zazen durchführen. Suchen Sie für Ihre Meditation einen Ort der Stille auf. Achten Sie darauf, dass Sie während der Meditation nicht gestört oder abgelenkt werden, und nehmen Sie Ihre bevorzugte Meditationshaltung ein.

ZEN-ÜBUNGEN sollen Ihnen dabei helfen, sich selbst zu beobachten, zu reflektieren, zu analysieren und zu korrigieren. Ich habe Ihnen unter anderem Fragen gestellt und Sie zu verschiedenen Übungen und Aufgaben motiviert. Durch die Anwendung der Zen-Lehre auf körperlicher und geistiger Ebene vertieft sich Ihr Wissen. Es fällt Ihnen dann leichter, auch im Alltag die richtigen, heilsamen und positiven Entscheidungen für sich und andere zu treffen.

ZEN-GESCHICHTEN sind von jeher ein kraftvolles Hilfsmittel, um die Lehre des Zen auf eine eindrucksvolle Art und Weise zu vermitteln. Nicht immer erschließt sich Ihnen der tiefe Sinn beim ersten Lesen. Hinter den Anekdoten verbergen sich tiefsinnige und ergreifende Wahrheiten und Weisheiten, die entdeckt und Schicht für Schicht abgetragen werden müssen. Ich empfehle Ihnen, dass Sie die Geschichten immer wieder lesen. Sie werden erstaunt sein, was sich Ihnen je nach Ihrer momentanen geistigen Auffassung offenbart.

Weiterführende Literatur

Nachfolgend sind Buchtitel aufgeführt, die zur Vertiefung oder Erweiterung des Themas geeignet sind.

BOTTINI, OLIVER: Das große O.W. Barth-Buch des Zen. München: O.W. Barth Verlag 2002.

BOVAY, MICHEL; KALTENBACH, LAURENT; DE SMEDT, EVELYN: ZEN. München: Kösel Verlag 2005.

CHAN-MEISTER SHENG-YEN: Vertrauen in den Geist. Ein Führer zur Chan-Praxis. Zürich: fourturtles publications 2008.

DESHIMARU, TAISEN, ROSHI: ZA-ZEN. Die Praxis des Zen. Heidelberg-Leimen: Werner Kristkeiz Verlag 1978.

FROMM, ERICH; SUZUKI, TEITARO DAISETZ; DE MARTINO, RICHARD: Zen-Buddhismus und Psychoanalyse. Frankfurt: Suhrkamp Verlag 1971.

HAN, BYUNG-CHUL: Philosophie des Zen-Buddhismus. Stuttgart: Reclam Verlag 2002.

HUI, JING: Die Tore des Chan-Buddhismus. Bielefeld: Theseus Verlag 2010.

KAPLEAU, PHILIP: Die drei Pfeiler des Zen. Lehre – Übung – Erleuchtung. München: O.W. Barth Verlag 2004.

KUHN, SANDY TAIKYU SHIMU: Mit Buddha Tee trinken. Eine Einführung in die chinesische Teezeremonie. Darmstadt: Schirner Verlag 2011.

KUHN, SANDY TAIKYU SHIMU: Wenn Kirschblüten fallen. Impulse, die den Geist beflügeln. Darmstadt: Schirner Verlag 2012.

KUHN, SANDY TAIKYU SHIMU; KUHN, FREDY JUNDO SHIFU: Erwecke den Krieger in dir. Das WU LIN-Prinzip. Darmstadt: Schirner Verlag 2012.

MEISTER DOGEN: SHOBOGENZO. Die Schatzkammer des wahren Dharma-Auges. Band 1. Heidelberg-Leimen: Werner Kristkeiz Verlag 2001.

ODIER, DANIEL: Offene Weite. Der Herz-Geist des Zen. Winterthur: Edition Spuren 2008.

SARGENT, JIHO: Zen – Was ist das? 108 Antworten. Frankfurt: O. W. Barth Verlag 2004.

SUZUKI, DAISETZ T.: Die große Befreiung. Eine Einführung in den Zen-Buddhismus. München: O.W. Barth Verlag 2005.

ZÖLLS, DORIS; ZIRKELBACH, CHRISTOF: Wie Zen schmeckt. Die Kunst des achtsamen Genießens. München: Kösel Verlag 2009.

Abbildungsverzeichnis

S. 5: © styleuneed (27118507) I S. 6: © eskymaks (37570347) I S. 12: © Nikita Buida (15665601) I S. 18: © WONG SZE FEI (15205620) I S. 24: © cleomiu (31631694) I S. 34: © stokkete (41597808) I S. 58: © Thomas Francois (35257732) I S. 66: © mythja (35748481) I S. 74: © JMFontecha (2273474) I S. 78: © Sergej Razvodovskij (35796165) I S. 84: © dyrka (40384295) I S. 90: © petrabarz (34273778) I S. 98: © Gummo (28749222) I S. 104: © nestavazquez (43242838) I S. 110: © Corgarashu (33754935) I S. 118: © khonchiangmai (42263626) I S. 122: © Cio18 (36748743) I S. 128: © mirpic (32180045) I S. 132: © Ludmila Smite (35786562) I S. 136: © Jeanette Dietl (40754675) I S. 140: © Marek Brandt (37216419) I S. 146: © cmfotoworks (37735639) I S. 150: © Gerhard Wanzenböck (15720737) I S. 154: © Gerhard Wanzenböck (42436829) I S. 160: © Monkey Business (28489925) I S. 166: © StockPixstore (25332857) I S. 178: © Bernd S. (27399308) I S. 182: © alecsu (37700039) I S. 186: © Unclesam (30557767) alle Fotografien: www.fotolia.com

alle Piktogramme: Davor Schlatter

Über die Autorin

Sandy Taikyu Kuhn Shimu, Zen-Meisterin, Künstlerin und Autorin, ist hauptberuflich als Lehrerin und Ausbilderin in den Bereichen Kung Fu, Yoga, Qi Gong und Zen und als Beraterin tätig. Sie entwickelte das WU LIN Prinzip sowie eine eigene Beratungsmethodik, das WU LIN Zen-Coaching. Außerdem ist sie Mitbegründerin der WU LIN Organisation und der WU LIN Zen-Linie. Sie legt großen Wert auf die Verbindung und die Anwendbarkeit der traditionellen Lehren in der Praxis und im modernen Alltag. Sandy Taikyu Kuhn Shimu findet ihre Erfüllung im Schreiben und im Unterricht ihrer Schülerinnen und Schüler im In- und Ausland.

Weitere Informationen zur Tätigkeit der Autorin finden Sie unter:

www.taikyu.ch | blog.taikyu.ch | www.wulin.ch | www.wulintempel.ch